憲法主義

条文には書かれていない本質

内山奈月　AKB48
南野　森　九州大学教授

PHP

まえがき

南野　森（九州大学教授）

日本国憲法の条文を暗記している現役高校生アイドルがいると聞かされたのは、昨年７月末のことだった。それは、ＡＫＢ48のメンバーである内山奈月さん（私はＡＫＢのことはほとんど知らず、メンバーが48人ではないということさえ、つい最近知ったほどである）。昨年６月のコンサートで、内山さんは憲法48条と100条を、日本武道館を埋めた大観衆の前でスラスラと披露したというのだ。もちろん、暗記して損ということはないが、私など、大学で憲法を教えるようになってもう10年が過ぎたというのに、たった103条しかない憲法でさえ、その条文のすべてなど、いまだに覚えてはいない。

ところで、その半年前、2012年12月の総選挙（こちらは衆議院議員全員を選ぶという意味での総選挙のほうである）では自民党が圧勝し、日本は再び政権交代を経験した。安倍晋三首相が根っからの改憲論者であることもあり、それ以降、たとえば憲法96条改正問題や、集団的自衛権をめぐる「解釈改憲」問題など、憲法にかかわる問題が連日のようにメディアで報じられ、一般社会での憲法に対する関心も、かなり高まっているように思われる。

しかし、私のような憲法研究者に言わせると、世の中にあふれる憲法に関する言説には、明らかに間違っているものや不正確なものが多く混ざっている。実際に憲法改正が政治日程にのぼろうとしている現在、国民が正確な憲法の理解をもったうえで議論することはきわめて重要である（憲法改正を最終的に決めるのは国民である！）から、私は、憲法の正しい理解をわかりやすく一般社会に伝えることが、以前にもまして必要になっているのではないかと考えていた。

内山さんに講義をし、その内容を本にするというアイデアは、それゆえ、私にはとても魅力的に思えた。法学を学んだことのない高校生に、憲法の本質を講義するのは容易なことではないだろうが、これも天が私に与えた一つの使命だろうと大げさに思い込むことで自分を奮い立たせ、ドキドキしながら内山さんへの講義に臨むことにした。それが今年の２月末のことであった。

本当に頭のよいお嬢さん――これが丸々２日間の集中講義を通じて私がもった第一の感想である。この講義は、全体を５講にわけることと、それぞれのテーマを何にするかは事前に決めたものの、残りは内山さんとのやりとりで話が流れていくままに任せる、というスタイルをとった（「講義案は私の頭の中にある！」）。このような私の「カデンツァ」講義に対して、内山さんはとても高校生とは思えない理解力と思考力を示してくれた――本書には私と内山さんのやりとりがほぼそのまま収録されているが、彼女のとっさの受け答えにその利発さが表れていることは一目瞭然だろう――ので、結果として講義は期待を大きく上回る出来映えになったと自負している。

こうしてできあがった「講義録」たる本書は、もちろん憲法学の分厚い教科書のようにすべての論点をもれなく均等に

――そして平板に――扱うものにはなっていないが、私が憲法について最も理解してほしいと考えること――憲法の「本質」――を語り尽くした仕上がりになっていると思う。本書を読めば、憲法について理解しておくべき重要ポイントは十分理解できるだろうし、何より、私と内山さんの熱気に満ちたやりとりのおかげで、普通の教科書では読み飛ばしてしまいがちなところや、あまり詳しく扱われていないけれども憲法の本質を理解するために重要な部分は、しっかり感じとれるはずである。憲法を勉強したことのない人はもちろんのこと、大学で憲法を専門的に勉強している学生にも、本書を読んでほしいと思うゆえんである。

本文中の各所に挿入されているノートは、内山さんが講義中に書き留めたものであり、各講義の最後にある内山さんのレポートは、講義後の課題として取り組んでもらったものである。とてもよくできているので、読者の皆さんの知識の整理や復習に役立ててもらえればと思う。

そして、本書の読了後に憲法をさらに深く学ぼうという気になった人は、巻末の「参考文献」を参考にしてほしい。また、一人で読む場合のほかに、たとえば高校生や大学生が授業やゼミなどで教材のように利用することを想定し、各講義の最後に「研究課題」を付した。調べたり考えたり、あるいは議論するきっかけとして利用してほしい。

本書の完成のためには、内山さんの忍耐強い受講が不可欠であったことは言うまでもない。快活で聡明な内山さんのおかげで、講義の空間は２日間とも実に感じのよいものとなった。今後のますますの活躍を祈りつつ、感謝したい。

本書を通じて、一人でも多くの人に憲法の本質（エッセンス）を知っていただけるよう、願ってやまない。

2014年6月　博多にて

もくじ

第2講

人権と立憲主義

第3講

国民主権と選挙

第4講

内閣と違憲審査制

第5講 憲法の変化と未来

装丁：萩原弦一郎
写真：永 野　 浩
構成：鈴 木 初 日

第1講

憲法とは何か？

憲法は「最高法規」である

憲法とは何か。これは、じつはすごく難しい問題で、われわれ憲法学者でもきちんと答えるのは難しい。というのは、人によって考え方やアプローチが違うからです。

内山さんは「憲法とは何か？」と聞かれたら、つまり“What is the Constitution?”という問いにどう答えますか？

♦内山　憲法とは……最高法規？　法律とか国会が、いちばん最初に縛られるものが憲法だと思います。

いいですね。模範的な解答です。憲法とは「最高法規」のことです。

普通は最高法規というと、すごく大切なものとか、すごく偉いものとか、とても力が強いというイメージがある。

それだけではなく、最高法規には「国民も言うことを聞かなくてはいけない」とか、「とにかく守らなければいけない」というイメージもありますね。

日本国憲法の条文にも最高法規ということは明記されています。何条かわかりますか？

♦内山　98条です。

> 第98条①　この憲法は、国の最高法規であつて、その条規に反する法律、命令、詔勅及び国務に関するその

他の行為の全部又は一部は、その効力を有しない。
　② 日本国が締結した条約及び確立された国際法規は、これを誠実に遵守することを必要とする。

　そうですね。憲法自体にそう書いてある。だから憲法は最高法規である、というのは正しい。でも、それだけでは不十分であるということを、これから考えていきます。

警察官と誘拐犯はどう違うのか？

　ところで、突拍子もない話で恐縮ですが、内山さんは警察に逮捕されたことはあります？

♦内山　ありません（笑）。

　でしょうね。お家はお金持ちですか？

♦内山　……？　いえ、普通です。

　そうですか。
　なぜこんなことを聞いたかというと、たとえば逮捕されると、パトカーに乗せられてどこかに連れていかれます。私たちは、逮捕の現場を見れば、「悪いやつが捕まって、警察のパトカーに押し込まれて警察署に連れていかれた」と理解しますよね。

一方、世の中には誘拐という犯罪がある。誘拐犯は、道を歩いている普通の人を突然、車に押し込んでどこかに連れていく。

警察官が誰かを逮捕して、抵抗しているにもかかわらず手錠をはめて、パトカーに乗せて連れていくのと、誘拐犯が嫌がる人を突然トランクに押し込んで連れていくのは、外見上は一緒です。

ところがわれわれは、あれは警察に逮捕された、こっちは誘拐犯だと……。

♦内山　区別できる。

そうでしょう？　それはなぜなのか。

もう一つ、お家はお金持ちですかと聞きましたね。お金持ちは脱税をしがちです。

♦内山　……そうなんですか？

そういうことにしておいてください（笑）。

お金持ちが税金を払わないで家に財産を隠していると、「マルサ」がやってきます。国税局という役所の査察官ですね。彼らは昼間から家に押し入ってくるなり「動くな」と言って、畳をはがしたり、壁にかけてある絵をひっくり返したりして、そこに札束を隠してないか、金塊が埋まっているんじゃないかと家探しをする。もしも札束や金塊が見つかったら、「これは預かります」などと言って持っていってしまうわけです。

これは、白昼に強盗に入られてお金を持っていかれることと外見上は同じですよね。
ところが、やはり私たちは国税局の査察と強盗は区別できる。逮捕と誘拐を区別できるのと同じように。
これはどういうことか、ということをまず考えてほしいんです。

権限には根拠がある

◆内山　令状があるか、もしくは現行犯だったら逮捕してもいいと公民の授業で教わった気がします。

なるほど。では、なぜお巡りさんはそういうことができるんだろう？

◆内山　犯罪者を捕まえて、日本の平和を守るため。

そうですね。
でも、そうだとすると、「自分こそが正義の味方だ」と言う一般人が「日本の平和を守るんだ」と言って、勝手に「悪人」を見つけて捕まえてもいいでしょう。でも、その場合には「どうしてあなたが？」という話になりませんか。

◆内山　お巡りさんは、国の代表だから？

どうして国の代表なのかな？　どうすればお巡りさんにな

れるか知っていますか？　「今日から私はお巡りさんになります」と言ってもなれないでしょう。

◆内山　試験を受けて、警察学校に行って……。

そう、試験を受けて、決められた訓練を受けなければいけない。ということは、警察官には警察官であるための資格や悪いやつを逮捕する権限が、誰かによって与えられていることになる。では、誰が権限を与えているのでしょう。

◆内山　国ですか？

そうなんですよ。国から資格や権限を与えられている。
では、国が警察官に権限を与えていることは何を見ればわかるだろう。
なぜ、警察官には人を捕まえる権限が与えられているのか。なぜ国税局の役人には、人の家にずかずか入っていく権限が与えられているのか。つまり、権限の根拠はどこにあるのか？　ということです。

◆内山　法律ですか？

そのとおり。警察官になるためにはこういう試験を受ける必要がある、そのかわり、なったからにはこういうことができる、といったことは全部法律に書いてあります。
たとえば警察官職務執行法という法律があります。その

第２条を見ると、こんなことが書いてある。

> 第２条①　警察官は、異常な挙動（きょどう）その他周囲の事情から合理的に判断して何らかの犯罪を犯（おか）し、若（も）しくは犯そうとしていると疑うに足りる相当な理由のある者又は既に行われた犯罪について、若しくは犯罪が行われようとしていることについて知つていると認められる者を停止させて質問することができる。

警察官は、挙動不審（ふしん）で怪しい人を見つけたら、「ちょっと待ってください。どこに行くんですか？」とか、「なぜそんな格好してるんですか？」と質問することができると書いてあります。職務質問ですね。

つまり、法律に書いてあるから、警察官は職務質問をしてもいいのです。

逆に言うと、私が勝手に警察官の格好をして、正義の味方ぶって人を逮捕したりすると、逮捕監禁罪になるわけです。

このように、権力を行使する人には法律で根拠が与えられています。だから警察官は人を捕まえていいし、税務署は白昼、人の家に押し入ってもいい。

法律はどうやってつくるのか？

ところで、警察官職務執行法という法律をいま見ましたが、これはどうして法律だと言えるんでしょう。法律って何だろう？

♦内山　内閣か国会議員が国会に法律案を提出して、可決されたら法律になります。

……すごく正確に知っていますね。たいしたものだ。たしかに法律案は内閣も提出できるし、国会議員も提出できます。

そしていちばん重要なのは、国会でつくったものであるということ。憲法のどこに書いてありますか？

♦内山　わかります！　41条です。

> 第41条　国会は、国権の最高機関であつて、国の唯一の立法機関である。

そのとおりです。国会が「国の唯一の立法機関である」ということは、国会しか法律をつくることができないということですよね。警察官職務執行法も、国会がつくった法律です。だから、この法律を根拠にして、警察官は普通の人ができないことをすることができる。

ところで、内山さんは国会に行ったことはありますか？

◆内山　国会議事堂ですか？　ないです。

じゃあ、テレビで国会中継を見たことは？

◆内山　あります。

私たちはＮＨＫを信じて、テレビ中継で映っている光景を国会の審議だと思っています。けれども実際に見ていると、おじさん、おばさんが集まってガヤガヤ言っている。野次を飛ばしてる人がいれば、居眠りしている人もいる。

そういうことをしている場は、何も国会だけではないですよね。あれが町内会の会議でもない、どこかの会社の会議でもない、ほかならぬ日本という国の国会なのだということが、なぜ言えるんでしょうね。

◆内山　……。こういうふうにしたら国会が始まって、こうなったら終わるということや、場所とかが決まっているから？

そういうことですね。手続きが決まっているからです。国会の手続きはどこで決められているかわかりますか？

◆内山　法律ですか？

法律ですね。国会法という法律があるのです。ちょっと、どこに載っているか探してみましょうか。

♦内山　先生の辞書、使っていいですか。

どうぞ。辞書じゃなくて六法だけどね。

♦内山　ありました。国会法。「第１章 国会の召集及び開会式」……法律ってこんなにたくさんあるんですね。

ちなみに日本の法律は何本ぐらいあるか知ってますか？

♦内山　100？　1000？

いやいや、もっとある。2000本弱、あるらしいですね。

♦内山　えー、そんなに。

法律より一段上の根拠

国会でどうやって法律をつくるのか、ということは国会法に書いてあることがわかりました。でも、国会法自体も法律です。法律をつくる手続きが、法律で決まっている。そうなると、やはりもう一段階上の根拠が必要でしょう。それが憲法なのです。

たとえば憲法には、どうすれば国会議員になれるのかが書いてあるはずですよね。

◆内山　43条です。

> 第43条①　両議院は、全国民を代表する選挙された議員でこれを組織する。
> ②　両議院の議員の定数は、法律でこれを定める。

あとは、国会の構成。日本の国会は衆議院だけではないことは知っていると思います。

◆内山　衆議院と参議院です。42条に書いてあります。

> 第42条　国会は、衆議院及び参議院の両議院でこれを構成する。

そうですね。日本の国会は二院制（両院制）です。

ほかにも憲法には、衆議院議員の任期は４年（45条）、参議院議員は６年（46条）など、「国会が国会であるための条件」が定めてあります。こういう規定があるから、ＮＨＫ中継で見ているあの人たちの会議は、怪しい宗教団体の会議でもなければ、よその国の会議でもなくて、日本の国会なのだと言うことができるのです。

権限―法律―憲法のピラミッド

では、その国会がどうやって法律をつくるのか、それも憲法に書いてあります。……ええと、56条じゃなくて……。

♦内山　59条です。

> 第59条①　法律案は、この憲法に特別の定のある場合を除いては、両議院で可決したとき法律となる。
> ②　衆議院で可決し、参議院でこれと異なつた議決をした法律案は、衆議院で出席議員の3分の2以上の多数で再び可決したときは、法律となる。
> ③　前項の規定は、法律の定めるところにより、衆議院が、両議院の協議会を開くことを求めることを妨げない。
> ④　参議院が、衆議院の可決した法律案を受け取つた後、国会休会中の期間を除いて60日以内に、議決しないときは、衆議院は、参議院がその法律案を否決したものとみなすことができる。

59条1項だね。ありがとうございます。つまり、法律案は衆議院と参議院の両方で賛成多数（56条2項）で可決すれば法律になる。こういうルールが憲法に書いてあるわけです。この大きなルールにもとづいて、さっき見た国会法という法律がもっと細かいルールを定めている。これらのルールにもとづいて、法律案が可決されて法律になるということです。

ここまで話してきたことをまとめると、こんなふうに整理することができます。

警察官は笛を吹いたりして一般人を止まらせて、いろいろと質問することができる。どうしてそんな権限があるかというと、警察官職務執行法という法律に規定があるから。

では、警察官職務執行法はなぜ法律と言えるのかというと、国会が定めたから。

その国会はどうして国会と言えるのかというと、憲法に書いてあるから。

ということになります。

◆内山　先生、質問があります。

何ですか？

◆内山　板書の「憲法」っていう字なんですけど。

ああ、これね。うかんむりにローマ字のＫで、「憲」の略字です。ごめんなさい。

◆内山　いえ、何かかっこいいです。

法学部の先生や学生はよく使うんですよ。

話を戻すと、人は普通、なぜ警察官には職務質問をする権限があるのだろうとか、そもそもあの人たちはなぜ警察官だと言えるのかといったことは考えません。国会中継が本当に日本の国会の中継なのか、といった疑いも持たないでしょう。

そういう普通の人が考えないことを、いまわざと考えてみました。すると、憲法とは日本という国がしっかりと機能していくための最終的な根拠を定めているものであることがわかる。

日本以外でも、いまではたいていの国がこういうシステムを取っています。たとえば、警察官が勝手に乱暴しては困るから、警察官ができることとできないことを法律できちんと定める。その法律というのは、昔だったら王様が思いつきで書いていたけれども、いまは国会で決める。その国会のあり方は、憲法によって定めてある。

このように憲法は、国家システムの最終的な拠(よ)り所となっているのです。

◆内山　逆に言えば、憲法がないといろいろ困るということですよね。

そうなんですよ。国会がいくつもできるかもしれないし、警察官や裁判官を名乗る人がいっぱい出てきたら、統制がつかなくなる。やっぱり権限—法律—憲法というピラミッドの形できちんと秩序ができていなければ困ります。

そこで、最初に見た98条では、憲法はピラミッドのいちばん上だということが書いてあります。

憲法は「最高法規」であって、その「条規」つまり条文に反する法律、命令などは「その効力を有しない」と。これが、法律学的な意味での最高法規の意味です。

憲法はつねに法律に勝つ

では、「効力を有しない」とはどういうことかを考えてみましょう。

先ほども言ったように、日本に法律は2000本近くあります。これだけあると、ある法律と別の法律が矛盾することもありうるでしょう。たとえばある法律でOKとされることが、別の法律ではダメと書いてある。その場合、どうなるかわかりますか？

◆内山　……？

あまりピンとこないでしょう。じつは、そういう例は日本では、ほぼありません。法律をつくるときに矛盾がないように、念入りにチェックするからです。後で出てきますが、内閣法制局という組織がチェックをしています。

もし法律と法律が矛盾してしまったらどうするか。この場合は、後にできた法律が優先されます。法学の世界には「後法は前法を破る」という格言があって、これが法律と法律が矛盾した場合の原則です。

♦内山　新しいほうが偉いということですか？

法律と法律のあいだには、どちらが偉いということはありません。すべて国会で同じように定められた法律だからです。法律間には優劣がないので「最新のものが有効」とするしかないということですね。

それでは、憲法と法律が矛盾する場合はどうなりますか？

♦内山　憲法のほうが優先されます。最高法規だから。

そうです。憲法は全然偉さが違う。憲法に反する法律は効力を有しません。憲法は昭和22年に施行されましたが、それ以降にできたどんなに新しい法律でも、矛盾した場合はつねに憲法が勝ちます。

これが法律と憲法のいちばんの違いで、「最高法規」のいちばん重要な意味です。

もう一度整理すると、法律と法律であればそのあいだに力の差はない。みんな対等です。だから矛盾する場合は新しい法律が有効である。ところが、法律と憲法の場合は、どちらが新しいかは関係ない。つねに憲法が勝つ。

ちょっとわかりにくいかな？

♦内山　わかります。わかりやすいです！

「１票の格差」は何が問題か？

国会議員はみんなで議論しながら、法律をつくります。さらに、法律案をチェックする内閣法制局のような組織もある。

とはいえ、やはり間違って憲法違反の法律をつくってしまうことがあります。でもその法律は、憲法98条によって効力を有しないということになる。

ところで、ある法律が憲法に反するかどうかはそんなに簡単に判断できることではありません。内山さん、どういう法律が憲法違反になったことがあるか知っていますか？

◆内山　選挙のときの、１票の重みの話。１票の重みは同じにしなければいけないのに、地方によって２倍以上になったり。

よく勉強していますね。１票の格差と呼ばれる、選挙区の区割りによって票の重みに格差が生まれてしまう問題ですね。ちなみに、これは何という法律の問題でしょう？

◆内山　公職選挙法？

正解です。公職選挙法も六法に載っていますから、見てみましょう。

この法律は国会議員などの選挙について、それはもう細かく定めているのですが、そのなかに選挙区ごとの議員数の規定があります。議員定数配分規定です。各地域にバランスよく配分されているはずの議員数が、人口の移動などによって有権者の数が不均衡になってしまい、同じ1票でも東京都と鳥取県では価値が違うといった事態になっているのでした。

では、この「1票の格差」が憲法の何に違反しているのか、わかりますか？

♦内山　平等性？

そうですね。法の下（もと）の平等。条文でいうと14条1項です。

第14条①　すべて国民は、法の下に平等であつて、人種、信条、性別、社会的身分又は門地により、政治的、経済的又は社会的関係において、差別されない。

裁判所が、公職選挙法の定数配分規定と日本国憲法の14条の平等規定が矛盾していると判断して、公職選挙法のほうが違憲だと判断した例は過去に２つあります。

日本初の違憲判決

ほかに違憲判決の例は何があるかな？

♦内山　あとは……何だっけ？　今日ネットで調べてみたん

ですけど、９条の解釈で、集団的自衛権が問題になっていました。そういうのは違うんですか？

それも重要な問題ですが、違憲判決の例とは違いますね。

では、いちばん有名な、日本で最初に法律を違憲とした判決の話をしましょうか。尊属殺という、ちょっと怖い話です。

◆内山　そんぞくさつ？

聞いたことないでしょう。尊属殺人ともいいます。自分のお父さん、お母さん、おじいさん、おばあさん、ひいおじいさん、ひいおばあさん、家系図でいうと上のほうの人たちを尊属といいます。

◆内山　ああ、尊属と卑属（ひぞく）の。

まさにそうです。よくそんな言葉を知ってるね。自分の子ども、孫、ひ孫を卑属というんですよね。

尊属殺に戻りますが、じつは日本では明治時代の刑法をまだ使っているんですよ。そのなかに、尊属を殺した場合は、死刑か無期懲役（むきちょうえき）かのいずれかにしなければいけないという規定があった。普通の殺人の刑罰がどれくらいか知っていますか？

◆内山　死刑じゃないんですか。

死刑だけではないですね。死刑になることもあるけれども。

♦内山　無期懲役？

無期懲役になることもある。それはどこに書いてあるか知ってる？

♦内山　刑法。

では六法で刑法を見てください。199条です。そこに「殺人」と書いてあるはずです。

♦内山　はい、書いてあります。

> 第199条　人を殺した者は、死刑又は無期若しくは5年以上の懲役に処する。

そうなんですよ。死刑と無期だけではなくて、５年以上の懲役と書いてある。たとえば、たくさんの人を殺したり、あるいはすごく残虐な殺し方をしたら、死刑とか無期懲役になるかもしれない。あるいは「５年以上」とあるので懲役15年、20年といった判断を裁判官がすることもある。

その一方で、尊属殺人の規定はさっき言ったように、必ず死刑にするか無期懲役にしなければならなかった。つまり、この199条にある普通の殺人だと、懲役５年のような軽い罰もあるのに、尊属殺人の場合は重い罰しかないという差があったのです。ちなみに、尊属殺がどこに書いてあったかというと、すぐとなりに200条があるでしょう。

◆内山　あっ、削除って書いてあります。

ここに尊属殺の規定があったのです。いま僕たちが使っている六法には条文が載っていないから見ることはできないけれど、かつてはそういう規定があった。だから親殺しとかおじいちゃん、おばあちゃん殺しは、必ず重く罰することになっていました。

それが戦後になって、法の下の平等に違反するのではないかと問題になったのです。明治時代は、親子関係をすごく大切にしていて、子どもを殺すことよりも親を殺すことのほうが罪が重いと考えられてきました。だから尊属殺重罰規定が置かれていた。けれども、戦後の日本国憲法の下ではそれは違うのではないか、という議論になったわけです。

結局、1973年に最高裁判所の判決で、尊属殺重罰規定は平等に反する、憲法違反であるという判断になりました。これが日本で最初に法律を違憲とした判決です。

いまの話でわかったと思いますが、法律と憲法が矛盾すると負けるのは法律。負けた法律は削除されてしまいます。そして勝つのはつねに憲法。これが98条の「最高法規」の意味です。

たった8人で法律を無効にできる

ところで、いま挙げた１票の格差と尊属殺、この二つを憲法違反だと判断したのは誰だろう？

♦内山　裁判所です。

そう、違憲だと決めたのは最高裁判所です。では、どうして最高裁判所はそんなことができるのでしょう？

♦内山　最高裁判所がいちばん強い裁判所だから。

うーん……そうなんだけど、先ほどの「警察官はなぜそんなことができるのか」と同じように考えてみましょう。権限があるからには、何か根拠がないといけないはずです。

考えてみると、尊属殺は明治時代の法律だからいいとしても、１票の格差が問題になっている国会議員の定数配分については、公職選挙法で定められたものです。法律は国会が決めている。そして、国会は20歳以上の国民が投票して選んだ国民の代表によって構成されている。衆議院と参議院を合わせて700人くらいの人たちが長々と議論をして、「これでいいだろう」ということで決めたものが法律です。そういう意味では、法律はとても偉いもので、大切なものですよね。

それを最高裁判所が「いやいや、それは憲法に合っていない」と言って無効にしてしまう。すごい権力です。最高裁判所の裁判官は何人いるか知っていますか？

◆内山　16人？

惜しい。

◆内山　17人。

離れた。15人です。たった15人が多数決で、違憲かどうかを決めるのです。ということは、８人が違憲だと言えばいい。日本の全国民が選挙で約700人の国会議員を選んで、その人たちが決めた法律であるにもかかわらず、たった８人の裁判官が憲法違反だと判断したら無効になる。六法全書から消えてしまう[1)]。これはちょっとすごい権力ですよね。だから、しっかりとした根拠がないといけないでしょう。

◆内山　司法権があるから。

そのとおり。それはどこに書いてありますか？

◆内山　81条ですか？

そうですね。違憲審査制の規定です。

1　ただし、自動的に、即座に六法全書から消えるというわけではない。国会が、当該法律を削除したり改正しなければならない。例外的な例であるが、尊属殺重罰規定（刑法200条）が実際に削除されたのは、判決から20年以上もたった1995年のことだった。

> 第81条　最高裁判所は、一切の法律、命令、規則又は処分が憲法に適合するかしないかを決定する権限を有する終審裁判所である。

憲法に定められているから、最高裁判所は法律を無効にすることができる。この規定がなかったら、民主主義国家で、違憲審査制を正当化することはできないでしょう[2]。

Natsuki's Note

・最高法規（98条）
→ 法律間では平等!!　"後法は前法を破る"
でも憲法は別!!　憲法を破っているものは無効。

but 違憲のものもある。
ex 一票の格差（公職選挙法）
↕ 選挙区制度
平等（14条）

ex 尊属殺人（刑法）　1973年
↕ 死刑・無期懲役
平等（14条）

→ この違憲審査をしているのは最高裁判所（15人）（81条）

2　例外はアメリカ合衆国である（憲法に違憲審査制の規定がない）。

硬い憲法、軟らかい憲法

違憲審査制は、なかなか恐るべき制度であることがわかったと思います。違憲審査制については、後でまた戻ってきます。

さて、ここからちょっとややこしい話になります。

憲法は最高法規であるという話をずっとしてきましたが、憲法の他の特徴について、何か思いつきますか？

◆内山　憲法の特徴……GHQの人が……。

ああ、日本国憲法をつくるときにGHQ（連合国軍最高司令官総司令部）が指導した、という話ですね。それは日本の憲法の特色ですよね。

◆内山　あ、憲法自体の特徴ですか。

一般的な話として、憲法はどこが法律と違うのかということです。ヒントを出しましょう。法律をつくったとします。その法律を改正するにはどうしたらいいですか？

◆内山　もう一回国会に提出します。

そうですね。改正案を国会に提出して、過半数の賛成で可決すればいい。

では、憲法はどうすれば改正できるんでしたっけ？

♦内山　日本の憲法では、もっとたくさんの議員の賛成が必要です。

そうですね。法律の場合と、憲法の場合で改正手続きがどう違うか、憲法のどこに書いてありますか？

♦内山　56条と96条です。

第56条①　両議院は、各々その総議員の3分の1以上の出席がなければ、議事を開き議決することができない。
②　両議院の議事は、この憲法に特別の定（さだめ）のある場合を除いては、出席議員の過半数でこれを決し、可否（かひ）同数のときは、議長の決するところによる。

第96条①　この憲法の改正は、各議院の総議員の3分の2以上の賛成で、国会が、これを発議し、国民に提案してその承認を経なければならない。この承認には、特別の国民投票又は国会の定める選挙の際行はれる投票において、その過半数の賛成を必要とする。

日本国憲法の改正は、まず総議員の３分の２以上の賛成が必要です。そのうえ、国民投票までしなくてはいけないと書いてある。これは普通の法律に比べればかなり厳しい。
　こういう改正が難しい憲法を何と呼ぶか……知らないですよね。

◆内山　何だろう？

　ヒントは、硬い。

◆内山　え？　わからないです。

　聞いたことがないかな。硬性憲法というんです。
　これは硬いという字でしょう。ということは、反対に軟性、軟らかい憲法というのも考えられなくはない。けれども実際には、ほぼないと言っていい。世界中のほとんどの国の憲法が、いまは硬性憲法です。
　もう一回言っておくと、硬性憲法というのは法律に比べると改正の手続きが難しいということです。どうしてこうなっているのでしょうか？

◆内山　すぐに変わってしまったら、大変だから。

　そうだね。すぐに変わってしまったら大変です。すごくいいことを言ってくれました。これも「立憲主義」という考え方の神髄なので憶えておいてください。すぐに変わったら困るのが憲法です。

最高法規と硬性憲法

　ところで、ある国の憲法が硬性憲法だと、そこから当然、「最高法規」であることが導かれます。
　たとえば、憲法には前に見たように参議院議員の任期は６年、衆議院議員の任期は４年と書いてあります。でも、衆議院議員が「４年は短い、もっと任期を延ばしたい」と考えるかもしれない。そこで、衆議院議員の任期を８年にしようという法律を多数決でつくったとする。

◆内山　憲法違反です。

　そうだね。でも、もしも憲法が最高法規でなかったらどうなるか、ちょっと考えてみましょう。つまり、憲法に98条のような条文がなくて、法律と同じレベルだったらどうなるか。憲法は昭和22年にできたもので古い。今日の議会で、「衆議院議員の任期は８年にする」という法律ができたとしたら？

◆内山　後法は前法を破る。

　そうですね。法律のほうが有効になってしまいます。
　では、憲法が硬性憲法でなかったらどうなるか。硬性憲法でないということは、法律と同じ手続きで変えられるということです。同じ手続きですむならば、わざわざ法律をつくるまでもなく憲法を変えてしまえばいい。衆議院議員の任期は

４年と憲法には書いてあるけれども、任期を８年にしたいときは、法律をつくらなくても憲法をさくっと変えてしまえば問題は消えるのです。わかりますか？

◆内山　わかります。

ところが、憲法が硬い、つまり憲法のほうが簡単には変えられないようになっていると、憲法と法律が矛盾する場合、憲法ではなく法律のほうが妥協することになる。憲法を変えるのは難しいけれど、法律を変えるのは簡単だからです。つまり、憲法が「硬い」、改正手続きが法律に比べて厳しいのは、憲法はそう簡単には変えられない、そう簡単には妥協しないぞ、という意思表明を憲法自身がしているわけです。「硬い」憲法は「自分は法律より偉い」「法律が自分に合わせるべきだ」と考えている。逆に、硬くない憲法は、いくら自分は法律より偉いと主張しても、法律と同じように変えられてしまうならば、実際のところは法律と変わらなくなる。

ということは、わざわざ98条のように「この憲法」の「条規に反する法律」などは「その効力を有しない」と「最高法規」であることを宣言しなくても、硬性憲法であることは当然に最高法規であることを意味する。

反対に、「最高法規」であるためには、法律に勝つために硬性憲法でなければならない。

「最高法規」と「硬性憲法」はメダルの両面のような関係にある。ちょっとややこしいですが、そういうことです。

Natsuki's Note

・硬性憲法（96条）⟷ 法律と同じ"軟性憲法"
→ 改正するのが法律にくらべて難しい。
2/3の国会の賛成と国民投票

?なぜ？
法律に勝つ力を維持するため。
→ 最高法規となる。（軟性憲法は最高法規でない。）

つまり、最高法規 ⟺ 硬性憲法

大日本帝国憲法は硬性憲法か？

ここから「最高法規」「硬性憲法」に続いて、憲法の三つめの特徴の話に入っていきます。

さっき、世界中の憲法のほとんどは硬性憲法だと言いました。では、日本国憲法の前にあった大日本帝国憲法、これは硬性憲法だったかどうか知っていますか？

◆内山　知らないです。

知るわけないですよね。じつは大日本帝国憲法も六法に載っているんですよ。憲法のすぐ次のページに。

◆内山　あ、載ってました。

では、大日本帝国憲法が硬性憲法か否かは、どうすればわかりますか？　もう言えますよね。

◆内山　法律の改正のところと憲法の改正のところを比べる？

そのとおりです。完璧な解答です。

法律よりも改正の手続きが厳しい憲法が硬性憲法。ということは、その憲法が定めている法律改正の手続きと、その憲法が定めている憲法自身の改正手続きを比べれば、その憲法が硬性かどうかがわかります。

憲法改正についての規定を探してみてください。

◆内山　カタカナがまじっていて、読みにくいです。……ありました。73条。

第73条①　将来此(こ)ノ憲法ノ条項ヲ改正スルノ必要アルトキハ勅命(ちょくめい)ヲ以(もっ)テ議案ヲ帝国議会ノ議ニ付スヘシ

② 此ノ場合ニ於(おい)テ両議院ハ各々(おのおの)其(そ)ノ総員三分ノ二以上出席スルニ非(あら)サレハ議事ヲ開クコトヲ得ス出席議員三分ノ二以上ノ多数ヲ得ルニ非サレハ改正ノ議決ヲ為(な)スコトヲ得ス

そうですね。憲法の改正の必要があるときは、両議院——

衆議院と貴族院です——の３分の２以上が出席しなければ議事を開けない。そして、出席議員の３分の２以上が賛成しなければ改正の議決ができない。

では法律についてはどうかというと、大日本帝国憲法では３分の１以上の出席で議事を開けて、議決は過半数でできると書いてある。後で確認してもらえばいいのですが、46条、47条に規定されています。

♦内山　じゃあ、硬性憲法なんですね。

そう、大日本帝国憲法も硬性憲法なのです。ということは大日本帝国憲法も当然、最高法規ということになります。

新旧憲法の最大の違い

硬性憲法であること、したがって最高法規であることについては、大日本帝国憲法は日本国憲法と共通していました。けれども、両者には大きな違いもあった。

何かというと、大日本帝国憲法には違憲審査制がなかったのです。

違憲審査制がないと、どうなるかな？

♦内山　憲法と矛盾する法律がつくられたときに、ごちゃごちゃになってしまいます。

そうですね。現行憲法であれば、たとえば公職選挙法が憲法14条に違反していることを、最高裁判所が判断して無効にしてくれるからいい。でも、大日本帝国憲法には違憲審査制がないので、法律が憲法に違反している場合でも、その法律を無効にすることができない。どうしたらいいでしょうね？

◆内山　どうしようもないです。

　そのとおりで、当時の憲法学者も「どうしようもない」と書いています。美濃部達吉を知っていますか？

◆内山　知りません。

　そうか、もともと内山さんは理系でしたっけ。

◆内山　はい、３年生で文転したんです。

　じゃあ、「天皇機関説事件」も聞いたことがないかな。美濃部達吉は東京帝国大学の憲法の先生だった人です。ちなみに私が教えている九州大学法学部の初代学部長でもあった人なんですよ。
　この人が書いた大日本帝国憲法の教科書を見ると、こういうことが書いてあります。
　大日本帝国憲法は硬性憲法である。だから当然、最高法規である。だから帝国議会は帝国憲法に反する法律をつくってはいけないという義務を負っていると。

ところが、仮に憲法に違反する法律をつくってしまうと、どうなるか。美濃部先生は「どうしようもない」と言っています。

「若し法律が憲法違反の規定を設けたるときは其法律は憲法違反なるに拘らず尚有効に成立し、其法律の内容を審査して之を無効ならしむべき権力を有する機関なきを以て、実際には憲法が法律に依り変更せらるるの結果あるを免れず」

違憲審査をする権限を憲法から与えられた機関が、法律と憲法が矛盾しないかどうかを判断できればいいけれども、そういう仕組みが大日本帝国憲法ではどこにもなかった。だから議会が憲法違反の法律をつくってしまった場合は、結果として、法律によって憲法が変えられたのと同じことになってしまうと言っているんですね。

♦内山　じゃあ、昔は憲法違反の法律があったんですか？

いい質問です。それはわからないんですよ。

憲法違反の判断は難しい。憲法や法律の解釈は、人によって違います。

たとえば衆議院議員の任期を４年にする、参議院議員の任期は６年にするといった憲法の規定は、僕が解釈しても内山さんが解釈しても、たぶん同一の内容として読み取れるでしょう。法律で「衆議院議員の任期を５年にする」と決めたら、それが憲法に違反しているかどうかの判断も一致するはずです。

ところが、たとえば「表現の自由は侵してはならない」といった規定だと、その意味をどう解釈するかは人によって違います。「平等」の意味などもそうでしょう。「１票の格差」問題でいえば、１票の重みが２倍だったら法の下の平等に反するのか、いや４倍までは許されると考えるのか。人それぞれに解釈する余地が残るのです。

だから、大日本帝国憲法の下で違憲の法律があったかどうかは、はっきりとはわかりません。

違憲審査制という恐るべき発明

結局、硬性憲法であり、したがって最高法規であっても、その憲法に違反する法律ができたときに、憲法違反かどうかを判断する仕組みがないとどうしようもない。

しかも、その判断をするのは中立的な第三者機関でなくてはならない。もし、国会議員が判断するとしたらどうなるでしょう。自分たちでつくった法律が憲法に違反していると言うわけがない。内閣も自分たちで法律を提案する立場だから同様です。

だから、内閣でも国会でもない中立的な機関として、裁判所が判断するのです。もちろん、中立的な第三者機関であれば裁判所でなくてもいい。世界には裁判所ではない、独立した学者などからなるグループに判断してもらうといった制度もあります。

とにかく、第三者機関によって憲法と法律の関係を判断する制度がないと、まさに大日本帝国憲法のときがそうだったように、最高法規だ、硬性憲法だといっても、絵に描いた餅になってしまいます。

そうなってはいけないので、現在の世界の憲法では違憲審査制を定めるのが普通になっています。違憲審査制、これが現代憲法の三つめの特徴です。日本国憲法では81条に定められていますね。

ところで、違憲審査制はいつから始まったか知っていますか？

♦内山　戦後ですか？

まあ、多くの国では戦後からですが、憲法に書かれたものでいちばん古いのは、1920年、第一次世界大戦後にできたオーストリアの憲法です。ここではじめて違憲審査制という制度が憲法に書き込まれました。

この憲法の制定に大きな影響を及ぼしたのは、オーストリア人のハンス・ケルゼンという有名な法学者です。ケルゼン先生が、憲法の最高法規性を保障するためにはどうすればいいかを考えて、中立的な違憲審査機関の規定をはじめて憲法に盛り込みました。そして第二次大戦後になると、世界中に違憲審査制が広がっていくことになります。

といっても、違憲審査制自体はケルゼン先生が突然思いついたのではありません。じつは1920年のオーストリア憲法より前に、違憲審査制を発明した人がいるのです。

♦内山　発明？　発明したんですか？

すごいでしょう？　どこの国の人がそんな大発明をしたと思います？

◆内山　エジプト人。

古すぎる（笑）。じつはアメリカ人なのです。

違憲審査制は民主主義に反する？

アメリカ合衆国憲法はとても古い憲法で、1787年につくられたものです。世界最古です。

この合衆国憲法には、大統領、議会、裁判所といった規定はあったのですが、違憲審査制の定めはなかった。

ところが、1803年のある日、マーベリー対マディソン事件の判決で、最高裁判所が突然、「自分たちには違憲審査をする権限がある」と言い出したのです。

◆内山　突然ですか？

法律の世界にはそういうところがあって、最高裁判所が言うと、そのまま世の中が動いていくことがあります。違憲審査制はアメリカ人の大発明ということになります。

◆内山　ケルゼン先生はそれを参考にして、オーストリア憲法に違憲審査制を加えたんですね。

そう、ハンス・ケルゼンは、このアメリカの1803年判決を知っていました。そして自分がオーストリアの憲法をつくるときに、しっかりと憲法に書き込んだのです。

なぜ憲法に明記したかというと、前に言ったように違憲審査制は恐るべき制度です。日本であれば、15人のうちのたった８人の裁判官が法律を無効にできてしまう。選挙で選ばれた国民代表である国会議員が侃々諤々（かんかんがくがく）の議論をしてつくった法律を、です。

専門的な言葉で言うと、違憲審査制には「民主的な正統性」がないのではないか、民主主義から見て正しくないのではないか、という疑いがあるわけです。平たく言うと、裁判官は選挙で選ばれていないのに威張りすぎじゃないかと。

しかもアメリカの最高裁判所の裁判官は日本より少なくて９人です。つまりそのうちのたった５人で法律を無効にできてしまう。アメリカ人はデモクラシーがとても好きで、「われわれの議会がつくった法律こそが正しい」という考えが根強いので、じつはいまだに違憲審査制を簡単に認めていいのかどうかについての議論が絶えません。

最高法規、硬性憲法、違憲審査制

◆内山　議論が絶えないのは、アメリカでは憲法に書かれていないのに、違憲審査制を導入しているから？

そう、憲法に書いてあれば、「書いてあるからいいだろう」ということになりますよね。

それを見越していたかどうかはわからないけど、ケルゼン先生は違憲審査制を設ける以上は、きちんと憲法に書いておかなければダメだと考えたわけです。

オーストリア憲法ではじめて明文化された違憲審査制が、第二次大戦後にできたヨーロッパの憲法にどんどん導入され、やがて世界に広がっていった。日本国憲法もその一つです。

内山さんが言ってくれたように、日本の憲法は草案をGHQがつくって持ってきました。そのとき起案したアメリカ人たちは、自分の国の違憲審査制は日本も導入したほうがいいけれども、憲法に明記しておかなければ後でもめるから、ということで、81条を書いておいたわけです。

Natsuki's Note

・違憲審査制（81条）
　→これによって硬性憲法性が守られている。

－初の違憲審査制
　・オーストリア（1920）ハンス・ケルゼンが憲法にもりこんだ!!
　・↑アメリカの1803年判決を受けて!!

－違憲審査制に民主的正統性はあるのか!?
　→憲法にもりこんでおけば問題ない。

そういうわけで、もちろん国によって違いはありますが、現在の憲法に共通する特色は最高法規、硬性憲法、違憲審査制の三つです。三つめの違憲審査制があることが非常に重要で、違憲審査制がないと硬性憲法とか最高法規とかいっても、いざ憲法違反の法律がつくられてしまうとどうしようもない、ということになります。

そして、これらの特色を備えているのが、現代の「立憲主義」的な憲法です。立憲主義については次の講義で話しましょう。

ちょっと難しい話だったと思いますが、わかりましたか？

◆内山　先生のお話、とてもわかりやすかったです。

本当に？　ありがとう。

Natsuki's Report

憲法は他の法律と比べて何が違うのか

●内山奈月

日本国憲法の特徴は、「国の最高法規であり、かつ硬性憲法である」そして「違憲審査制がある」ということだ。この点から憲法と他の法律の違いについて述べたいと思う。

まず、「最高法規」とは何なのか。法律の持つ力はすべて平等である。「後法は前法を破る」という言葉があるように、後からつくられた法律が前の法律を破っている場合は、前の法律は無効になるのだ。しかし、憲法は法律よりも強い力を持っている。もし憲法違反の法律がつくられてしまった場合には、その法律がつくられた時期にかかわらず、その法律は無効になる。「憲法」はすべての法に対して、絶対的な力を持っているのだ。

次に「硬性憲法」とは何かを考える。「硬性憲法」とは「改正するのが法律に比べて難しい憲法」のことを指す。現在の日本では、法律を可決するときには「両議院の出席議員の過半数」（憲法56、59条）、憲法を改正するときには「両議院の総議員の3分の2以上と国民投票での過半数」（憲法96条）の賛成が必要と憲法に記載されている。つまり、現在の日本国憲法は「硬性憲法」なのだ。硬性憲法であることには理由がある。そ

れは法律に打ち勝つ力を維持するためだ。より多くの賛成を得て決められた憲法のほうが、法律よりも絶対的な力を持つということを表しているのだ。つまり、憲法は「最高法規」としての力を維持するために「硬性憲法」であると言える。「軟性憲法」の国では憲法は「最高法規」としての力は持たないのだ。

このように、「憲法が国の最高法規であるならば、その国の憲法は硬性憲法」である。また、その逆も言える。

そして、「硬性憲法性を守るため」に「違憲審査制」(憲法81条)が導入されている。過去には、憲法違反と判定され無効になった法律の例もある。もっとも古い例は「尊属殺」だ。刑法200条の内容が憲法14条の「平等」の内容に違反しているとして、1973年に違憲判決が出され、この法律は無効となった。最近の例では「1票の格差」についてのもの

南野コメント ここは厳密に言うと難しい論点ですね。実際には違憲判決が出ても法律が六法全書から消えてなくなるわけではなく、国会が法律を改正したり削除したりするまでは、法律は存在しています(実際に刑法200条の規定が削除されたのは、判決から20年以上もたった1995年のことでした)。

もある。公職選挙法で定められた選挙区の「定数配分」では、地方によって１票の重みが異なり憲法の「平等」に反しているとされ、違憲判決が出された。

「違憲審査制」がないと、憲法の「最高法規」としての地位は守られなくなってしまう。つまり、憲法が「最高法規・硬性憲法」であるためには違憲審査をする第三者機関の監視が必要になる。この機関が、現在の「最高裁判所」だ。違憲審査制には民主的正統性があるのかと疑問視する声も上がっているが、「違憲審査制」は憲法の条文に盛り込まれていることでそれを正当化している。

このように、憲法と法律の大きな違いは「与えられている力」にあると言える。法律は、憲法の下につくられているものであって、憲法を犯してはならないのだ。そして憲法は、「最高法規」「硬性憲法」「違憲審査制」という形を取ることで、その力を保持し、法律との差別化を図っている。

南野コメント　ただし、これだけでは正当化には不十分だという意見もあります。

私は、「最高法規」「硬性憲法」「違憲審査制」という言葉はそれぞれ知っていたが、それぞれに関係性があることをはじめて知り驚いた。最高法規としての力を維持するために、さまざまな仕組みが導入されていることはとても興味深い。そして法律学とは、より高度で機能性の高い仕組みを導入するための研究をする学問だということを知り、法律学の奥深さと可能性を感じた。

調べてみよう・考えてみよう！

1）あなたの身の周りにいる公務員（警察官、消防士、公立高校の先生、市役所職員、市長など）が、どのような法律によってその地位についているのか調べてみましょう。

2）日本の国会は二院制ですが、世界の国会はどうなっているでしょうか。二院制と一院制、それぞれにメリットとデメリットがあるはずです。考えてみましょう。

3）あなたの住む都道府県と他のいくつかの都道府県とで、参議院議員の定数と有権者の数について、違いを調べてみましょう。１票の格差はどれくらいありますか？

4）美濃部達吉について調べてみましょう。天皇機関説論争と天皇機関説事件がキーワードです。穂積八束（ほづみやつか）や上杉慎吉という憲法学者も一緒に調べてみましょう。

第2講

人権と立憲主義

☆☆

選挙権は人権ではない？

　大学で憲法を教えるときには、たいてい憲法第一部と憲法第二部の二つに分けて講義をします。順番は大学によってバラバラですが、片方では「人権」を教えます。憲法に書いてある表現の自由、信教の自由、思想・良心の自由、そういった人権を順番に見ていく。それが憲法の「人権論」とか「基本権論」などと言われるものです。

　もう一方は、「統治機構論（とうちきこう）」と呼ばれます。ちょっと変な言葉ですね。統治はだいたいわかるでしょう。国を治めるとか、政治の話です。機構というのは、制度とか組織というくらいの意味だと思ってください。

　どこの国の憲法も、だいたいこの二つから成り立っています。

　私の講義でも、この二つを順番に見ていきます。まずは人権の話から始めましょうか。

　内山さんは人権とは何だと思いますか？

◆内山　人権は、人が生まれながらにして与えられているさまざまな権利です。

　生まれながらにして持っている権利ということですね。なるほど。では、逆に人権ではない権利とはどんな権利だろう。生まれながらにして与えられているのではない権利とは？　たとえば日本国民が持っている権利で、人権ではないものを何か思いつきますか？　憲法に書かれているもので。

◆内山　国会議員になれる権利。

それを何権と呼ぶかはわかりますか？

◆内山　被選挙権。

そうですね。ただ、順番としてはまず被選挙権の前に選挙権を言ってほしかったです（笑）。内山さんは、被選挙権は生まれながらの権利ではないと考えるということですか。

◆内山　はい。年を取ってから得られる権利だからです。

たしかに、５歳の子には被選挙権はないですね。５歳児が国会議員になったら困ります。これは選挙権も同様です。

ちなみに選挙権は何歳で与えられますか？

◆内山　20歳。

それはどこに書いてあるでしょう。憲法のなかには、20歳とは書いていませんよね。

まず、選挙権については15条１項という大本の規定があります。

第15条①　公務員を選定し、及びこれを罷免することは、国民固有の権利である。

そのうえで、44条がある。

第44条　両議院の議員及びその選挙人の資格は、法律でこれを定める。但し、人種、信条、性別、社会的身分、門地、教育、財産又は収入によつて差別してはならない。

両議院、つまり衆議院と参議院の「議員及びその選挙人」の資格は、法律で定めると書いてあります。選挙人というのは選ぶ人、つまり投票する人のことです。

憲法には具体的に何歳から投票できるか、何歳から立候補できるか、どういう資格が必要か、といったことは書いていません。ただ、常識的に見て、ある程度の大人だろう、日本国籍が必要だろう、といったことは、いろいろ議論があるけれども導けます。そして細かいことについては法律で定めると書いてあるわけです。

◆内山　公職選挙法ですね。

そのとおりです。ちょっと公職選挙法を開いてみてください。

その９条１項にはこう書いてあります。

第９条①　日本国民で年齢満二十年以上の者は、衆議院議員及び参議院議員の選挙権を有する。

そして、被選挙権についてはその次の10条。

第10条①　日本国民は、左の各号の区分に従い、それぞれ当該議員又は長の被選挙権を有する。
一　衆議院議員については年齢満二十五年以上の者
二　参議院議員については年齢満三十年以上の者
（以下略）

衆議院議員については満25歳以上、参議院議員については満30歳以上の人が被選挙権を持つと書いてありますね。

こうして見ると、たしかに選挙権や被選挙権は、内山さんが言ってくれた人権の定義には当てはまりません。生まれながらにして持っているのが人権だとすると、20歳にならないとダメだ、30歳にならないと認められない、という権利は人権とは言えない。

ということは、選挙権は人権ではないということになりそうですね。

その考え方でいいと思います。人権とは人が生まれながらにして持つもの、あるいは人が人であるがゆえに当然に持つものである。人が人であることだけが人権を持つ理由であって、年齢とか日本国籍の有無は関係ない。人権とはそういう権利です。

「人権」の誕生

では、人が生まれながらにして持つ権利にはどのようなものがあるでしょう。具体的に挙げてみてもらえますか。

♦内山　最低限度の生活を営む権利。

生存権ですね。日本国憲法では25条に規定されています。

第25条①　すべて国民は、健康で文化的な最低限度の生活を営む権利を有する。

②　国は、すべての生活部面について、社会福祉、社会保障及び公衆衛生の向上及び増進に努めなければならない。

たしかに生存権は人が生まれながらにして持っている権利だと言えそうです。

ただ、何が人権なのか、何をもって人が生まれながらにして持っている権利とするかは、じつはすごく難しい問題です。

全員が一致して「これが人権です」というものを、カタログのように確定することはできない。

たとえば、どんな宗教を信じるか、あるいは信じないかという信教の自由。あるいは、後の講義でも出てきますが、いちばん重要な権利である表現の自由。言いたいことを言えるということですね。こういった権利は昔から、人間である以上は当然保障されなければいけない、と多くの人が考えてきたと言われています。

ところが、「昔から多くの人がそう考えてきた」といっても、少なくとも日本の江戸時代には、信教の自由や表現の自由という考え方はなかったでしょう。

そもそも、「人権」という言葉自体が、日本語では新しいものなのです。いつ頃できた言葉かわかりますか。そうそう、その前に、「憲法」という日本語が歴史上はじめて登場するのはいつ頃のことかわかりますか？

◆内山　明治時代？

そうかな？　もっと昔です。たぶん小学校で勉強したと思いますよ。

ヒント。一万円札の肖像は、福沢諭吉の前は別の人だった。

◆内山　あ！　聖徳太子。

そうです。聖徳太子の「十七条の憲法」が、いま残っている記録のなかではもっとも古い「憲法」という熟語です。ちなみに、どこに書いてあるか知っていますか？『日本書紀』です。

♦内山　『日本書紀』だったら、書かれたのは720年ですね。「何を（720）書くのか日本書紀」。

よく知っていますね。「ナイフ（712）で切り貼り古事記の編纂」。
ただ、西暦720年の『日本書紀』に書かれている「憲法」という言葉は、いまとは全然違う意味で使われています。そのことは後で話すとして、ではあらためて、「人権」という日本語ができたのはいつ頃だと思いますか？

♦内山　最近のことですか？

最近ですね。

♦内山　戦後？

戦後ではない。もう少し昔です。
「人権」もそうですが、日本には「権利」という言葉もありませんでした。なぜかというと、権利とか人権という考え方は、ヨーロッパが発明したものだからです。もっと遡ればギリシャ、ローマの時代まで行きつきますが、だいたい中世から、「人には権利があるんだ」という考え方が広まっていきます。

ところが、日本は江戸時代に鎖国していたでしょう。ペリーが浦賀に来たのは何年？

◆内山　1853年です。

その後、日本は開国して、西洋の文物がどんどん入ってくることになるわけです。

ちょっと話がそれますが、先ほど名前の出た福沢諭吉は本当に偉い人でね、彼は24歳くらいのときに……。

◆内山　オランダ語を勉強した後に、また英語を勉強し直したんですよね。

え？

◆内山　『福翁自伝』読みました。私、慶應大学に進学するので。

そうか、内山さんは春から慶大生でしたね。とはいえ『福翁自伝』を読んでいるなんてすごい。まさにその話をしたかったのです。福沢諭吉はまず長崎で、そしてその後、大阪の適塾でオランダ語を一生懸命勉強して、自分が日本でいちばんオランダ語を読めると思っていた。江戸に出てきて、有名な蘭学者と話してみても、やっぱり自分のほうができる。ところがある日、横浜の外国人居留地に行って、自慢のオランダ語で会話しようとしたら、まったく通じない。看板を読むことさえできない。福沢諭吉は世の中が英語になってしまっていることを知らなかったのです。愕然（がくぜん）とした彼は、しかし、「これからは英語だ」ということで、また猛勉強しはじめた。僕はこのエピソードを読んだとき、本当に感動しました。

話を戻すと、日本語の「人権」という言葉ができたのは、まさにその時代の話です。西洋の文物がどんどん入ってくる。そのときに、英語のhuman rightsという言葉を日本人は知った。

♦内山　human rights――複数形ですね。

そう、複数形です。そもそもrightsという概念が日本にはなかったので、これを「権利」とか「通義」などと訳しました。ちなみに権利という言葉をつくったのは、西周（にしあまね）[1)]だと言われています。中江兆民などは、「権利」ではなく「権理」という文字を使いました。

そして、human rightsを「人権」と訳したのが、福沢諭吉、津田真道（まみち）、加藤弘之らの明六社[2)]のメンバーでした。

次に憲法です。先ほど、「憲法」という言葉は『日本書紀』の時代からあったけれども、いまの憲法とはまったく意味が違うという話をしましたね。「十七条の憲法」というのは

1　西周（1829－1897）は島根県出身の哲学者、思想家。江戸幕府派遣の留学生としてオランダのライデン大学に学び、明治維新後は政府で働く。後に貴族院議員にもなる。

2　明治６（1873）年、森有礼（もり・ありのり）や福沢諭吉、西周、加藤弘之らが結成した学術団体。『明六雑誌』を発行し、啓蒙思想の普及に貢献したが、２年弱で解散。

「17条のルール」という意味なのです。
「憲」を訓読みすると「のり」ですね。「法」も「のり」でしょう。この二つの漢字はだいたい同じような意味で、もともとは単なる法、ルールを意味する。

◆内山　ノリノリ。

そういうことです。漢字の熟語には、このように同じ意味の字を２個つなげたものがけっこうある。

◆内山　意義とか。

そうですね。「意」「義」は両方とも「意味」という意味です。理解が早い。十七条の憲法以来の日本語の「憲法」には、もともとルールという意味しかなかったのです。
ところが、幕末になってconstitutionという言葉が入ってきた。どうやら西洋ではconstitutionにもとづいて議会をつくったり、大統領が任命されたり、国王が代わったりしているらしいということを、日本人は知ったのです。
constitutionの訳語は、最初の頃は安定しませんでした。たとえば福沢諭吉は、国のルールだからということで「国律」という言葉をつくっています。ほかにも当時の知識人たちがいろいろな訳を試みました。最終的に「憲法」という言葉に落ち着いていくのは、明治６年以降のことです。
ごめんなさい、また雑談になってしまいました。

フランス革命とhuman rights

いま話したように、human rightsという言葉を、江戸時代までの日本人は知りませんでした。権利の概念がなかったし、「人には生まれながらにして権利がある」とは誰も思っていなかったのです。

明治時代になって、西洋からhuman rightsという考え方が入ってくると、「人権」という言葉がつくられました。要するに、日本では人権という概念は100年ちょっとの歴史しかないのです。

では、西洋ではどうかというと、じつは西洋でもhuman rightsの歴史はあまり古くないのです。human rightsという言葉を最初に使ったのは、トーマス・ペインという人だと言われています。イギリス人ですが、フランス革命のときにフランスにわたって国会議員になった人です。

◆内山　私、フランス革命が好きなんです。『ベルサイユのばら』とか大好きで。

どこが好きなのですか。

◆内山　マリー・アントワネットが好きで、小さい頃パリに行ったことがあります。

マリー・アントワネットはフランス革命の後、ルイ16世と一緒にギロチンにかけられますよね。あれは、じつは憲法の話なんですよ。

◆内山　そうなんですか？

国王を殺して、国王のいない共和国をつくる革命という思想は、まさに憲法の話です。それはあとで話しましょう。

フランス革命で活躍したトーマス・ペインは、『人間の権利』（Rights of Man）という本を書いています。そのなかでhuman rightsという英語をはじめて使いました。その言葉がフランス革命のインパクトもあり、世界に広がっていきます。フランス革命で書かれた有名な文章がありますよね。

◆内山　え、わからないです。

人権宣言。聞いたことありませんか？

◆内山　あります。授業でやった気がします。

1789年の人権宣言は、フランス語で書かれた文章です。そこには、人には生まれながらにして譲り渡すことのできない権利がある、という人権思想が書かれています。

何が言いたいかというと、日本で100年くらいしか歴史がない人権という言葉は、フランスやイギリスでも、プラス100年くらいしか歴史はないのです。人権という言葉はとても新しい言葉なのです。

ただ日本では、人権という言葉がなかったことと、人権思想がなかったことがイコールでした。江戸時代には、人は人であるが故に当然に権利を持つなんて、誰も思っていなかった。ところが、ヨーロッパでは事情が異なります。

自然権を守るための社会契約

ヨーロッパでは、人権という言葉がなかったことと人権思想がなかったこととはイコールではありません。human rightsという言葉ができる以前に、人権の思想はあったのです。では、どういう言葉で呼んでいたかというと、自然権。natural rightsです。

♦内山　自然権。はじめて聞きました。

natural rightsを「自然権」と訳すと、われわれ日本人にはニュアンスが通じにくいかもしれないですね。要するに、ナチュラルな、天然の権利のことです。naturalには「当然」という意味もありますね。だから、当然持っている権利とか、生まれながらにして天然に持っている権利という意味で、自然権という言葉を使っていたわけです。

こういう自然権の考え方がいつ頃から始まったかというと、おそらく中世であろうと言われています。思想としてはっきりと固まってくるのは17世紀くらいです。

内山さんは「社会契約論」って聞いたことがありますか？

Natsuki's Note

※ 人権思想
→ 昔の日本人には"人権"という発想がなかった。
"human rights" Thomas paineさんが
1791年の「人間の権利」で初めて使った。

◆内山　聞いたことはあります。

社会契約論を唱えた思想家の名前を挙げられますか？

◆内山　世界史の授業で習った気がするんですけど……。

社会契約論というのは、いろんな人が唱えています。賢い人がものごとを考えると、だいたい考え方が共通してくるのかもしれません。

たとえばフランス（スイス人ですが）のジャン＝ジャック・ルソー。それからトマス・ホッブズ。ホッブズはイギリス人です。もう一人、イギリス人を思い出してほしいのですが……知っていると思いますよ。思い出せないかな。ロック。

◆内山　あっ、知ってます！　ジョン・ロック。テストに出ました。

そう、必ず世界史の試験に出ますよね。こういう人たちが社会契約論という思想を17～18世紀にまとめたわけです。

では、ホッブズの『リヴァイアサン』(1651年)、ロックの『統治二論』(1690年)、ルソーの『社会契約論』(1762年)、といった本に共通して見られる、社会契約論の「共通項」はどんなものかわかりますか？

♦内山　うーん、何だっけ。……あれ、忘れちゃった。すごく悔(くや)しいんですけど……。ノート持ち込み可のテストだったんですよね。だから、覚えなかったんです。

ヒントは、契約というくらいだから何か約束をしている。

♦内山　アメリカの歴史でやった気がするんです……。

たしかに、アメリカにも社会契約論の考え方は伝わっていますからね。

♦内山　国民と政治を行う人が契約を結んで、政治を行おう、みたいな。

そうそう。そういう話です。

社会契約論を説明するいちばん簡単なモデルでは、自然状態というものを想定します。国家も警察も何もない、原始人の社会を考えるのです。

この自然状態では、みんな権利を持っている。自分の畑で穫れたものを食べる権利とか、自分で捕まえた獣や魚を食べる権利です。

ところが、お巡りさんも大統領もいないから、悪いやつが出てきて、獲物を横取りしたり、人の畑に侵入したりということが起こる。誰も何も守ってくれない。だから、自分の権利を守るためには、殴り合いとか殺し合いをしなければならなくなる。これを「万人の万人に対する闘争」といいます。闘争というのは war つまり戦争です。

これでは片時も心休まるときがありません。あまりに悲惨な生活です。どうしたらいいかと人々は考えました。そして、誰か第三者、あるいはリーダーを決めて、喧嘩(けんか)のときはその人に裁いてもらおうと決めたのです。

みんなが集まって、「これからは自分たちの持っている権利を代表者にゆだね、争いは代表者に裁いてもらおう」という約束をした。そして、自分たちでは争いを解決しないことにした。それが国家というもの、あるいは国家権力をつくり出すきっかけになったと社会契約論の論者たちは考えました。

この約束が「社会契約」ですが、そうはいっても本当にそんな契約が結ばれたわけではありません。説明のための、たとえ話です。

憲法を生んだ二つの革命

おもしろいのは、なぜこういう説明を思いついたかということです。

ルソーにせよホッブズにせよロックにせよ、王様が絶対的な権力を持っていた時代の人です。簡単に言えば王様はすごく威張っている。どうしてわれわれは王様の命令に従っているのだろうか、なぜ王様は王様であるのかということを、彼らは考えようとしたのです。

前に違憲審査制の正統性について話しましたが、ここで考えられているのは、王様の正統性の問題です。

そして導き出された答えが、原始状態・自然状態で人が殺し合っているよりは、いくら威張っている王様でも、われわれの持っている権利をゆだねて、まとめてもらったほうがましだろうということ。それが社会契約論というわけです。要するに社会契約論は、現にある国家とか国家権力を正当化する理屈です。

ところが、同時に国家権力を制約する理屈にもなっているところがミソなのです。

王様の権力、あるいは国家権力は何のためにあるんでしたっけ？

♦内山　自然状態よりましな状態にするため。

そう、人々の生まれながらにして持っている権利を「よりよく」保障するためには国家権力が必要である。だから、もしも王様がわれわれから略奪するとか、殺しに来るとかしたら、「そんなことを頼んだ憶えはないよ」と言えるわけです。

つまり、社会契約論は、王様のやっていいこと、国家権力のやっていいことが、われわれの自然権をよりよく保障することに限られる、という理論でもある。だから王様があまりにもひどい政治をして、われわれの持っている自然権を脅（おびや）かしたら、それは契約違反だと言えるわけです。

Natsuki's Note

社会契約論
Hobbes, Locke, Rousseauなどが唱える。
→自然状態よりもマシな状態にするため
国家・国家権力を（正当化
制約
人口の権利をより良く保障する。　＊王権神授説

ところが、実際には王様は悪いことをするんですよ。その悪事の度が過ぎると、「こんな王様もういらない」という話になります。内山さんの好きなマリー・アントワネットの時代がまさにそうでした。

国王ルイ16世はパリから離れてベルサイユに大宮殿を造って、そこで豪華な暮らしをしていました。ところがパリの庶民たちは食うや食わずの暮らしをしていて、税金を搾（しぼ）り取られる。自然権を侵害されるわけです。

その頃、アメリカでも同じようなことが起きていました。当時のアメリカはイギリスの植民地です。イギリスの王様が何をしたかというと、本国の財政が厳しくなったので、植民地から税金を取ろうとしたのです。そのためにイギリス議会で税金を取る法律をつくったけれども、その議会にアメリカ人の代表はいなかった。植民地だから、二流市民のような扱いで議会に代表を送ることができなかったのです。つまり、

アメリカ人の知らないところで、勝手にアメリカ人から税金を取る法律がつくられてしまった。

アメリカ人は怒って、ボストン茶会事件のような暴動が起き、やがて独立戦争に発展します。同じようにフランスでも、国王の圧政に対する庶民の怒りが、ふつふつと煮えたぎってくるわけですね。

結局、アメリカは1776年にイギリスからの独立を宣言します。フランスでは1789年に革命が起きることになります。

人権を守るための constitution

アメリカの独立宣言を見てみましょう。内山さんが言ってくれたような人権についての考え方が、よく表れています。「人は生まれながらにして権利を持っている。神様に与えられた権利を持っているのだ。だから、この権利をよりよく保障するためにイギリスから独立して、これからアメリカ合衆国という国をつくる」と宣言しているわけです。

フランス人権宣言にも同じように、「人は生まれながらにして権利を持っている」と書かれていることは、先ほど話しましたね。

つまり、18世紀の終わりに、アメリカ大陸とフランスにおいて、だいたい同じような時代背景のなかで、社会契約論と自然権の考え方にもとづいて、国家をつくり直そう、あるいは新しい国家をつくろうという動きが出てきたわけです。

英語のconstituteという動詞の意味はわかりますか？

♦内山　わかります。設立する。

そうですね。このとき、まさに国家をconstituteすることになった。そのための文書こそが憲法constitutionです。

これまで憲法と法律の違いを学んできましたが、日本語で憲法というと、どうしても民法や刑法といった法律の仲間のようなイメージがあります。それも間違いではありません。ただ、英語を使っている人やフランス語を使っている人の頭のなかでは、constitutionはconstituteという動詞の名詞形なのです。では何をconstituteするかというと、国家をconstituteする。これが西洋人にとっての憲法のイメージです。

人権を脅かす国家を倒して、あるいはそこから離れて新しい国家を設立した。そのときに書かれたのが憲法constitutionである。つまり、憲法の目的は人権を保障することであるということになります。

立憲主義とは何か

人権を保障するための手段として、憲法に盛り込まれた仕組みがあります。

たぶん学校で習ったと思いますが、どちらの読み方で教わっただろう。権力分立（ぶんりゅう）、権力分立（ぶんりつ）。

♦内山　「ぶんりつ」です。

では、権力分立（ぶんりつ）と言いましょう。これが人権を保障する重要な手段の一つです。

王様のように威張っている人が一人で好き放題にできると、人権が保障できなくなってしまう。そのため、フランスでは王様の首をちょん切ってしまうことになりました。

アメリカのように王様から離れた国では、新しく大統領をつくることにしました。でも、大統領に権力が集中してしまうと王様と同じになってしまう。だから権力を分立しなければならない、というのが権力分立です。人権を保障するために、国家の権力をさまざまな機関に分散させ、いろいろな人に担当させる。それがフランス人権宣言とか、アメリカ独立宣言でとられた考え方なのです。

この考え方がいちばん端的に表れているのが、フランス人権宣言の16条です。

「権利の保障が確保されず、権力の分立が確立されていないあらゆる社会は、憲法を持たない社会である」

権利の保障と権力の分立がきちんと定まっていない社会は、憲法が存在しているとは言えない。たとえ「憲法」と名のつくものがあったとしても、そんなものは憲法ではないということですね。

じつは、これこそが、第1講で少しだけ触れた「立憲主義」の考え方です。

立憲主義は、もともとの英語、フランス語でいうとconstitutionalism, constitutionalismeです。立憲主義というと何だか難しく聞こえますが、constitutionにism（主義）をつけただけなので、これは西洋人にとっては「憲法主義」

くらいの感じではないでしょうか。

　立憲主義という言葉から、ただちに憲法が頭に思い浮かぶかどうかは、日本だと中学生くらいなら無理かもしれませんが、西洋人ならconstitutionalismと聞けば自然に憲法が思い浮かぶはずです。立憲主義とは「憲法の主義」、要するに、憲法を政治の根本に据（す）える主義、憲法によって国家を運営していく主義のことです。よく、「法の支配」という言い方をしますが、立憲主義＝憲法主義とは、いわば「憲法の支配」を意味するのです。

　権利を保障するために国家権力を分立する、そうすることによって国家権力を制限するという考え方が立憲主義です。

Natsuki's Note

憲法(constitution) → constitute "設立する"の名詞形

1789 「人権宣言」フランス → 生まれながらの権利!!
1776 「独立宣言」アメリカ

国家以前の権利と国家以後の権利

　国家権力を制限する立憲主義の考え方から、憲法のある性格が導かれます。これはとても重要なことなので、少し難しくなりますが詳しく説明しましょう。まず、日本国憲法がどういう構成になっているかを見てみましょう。

　憲法は、先ほども言ったように人権を保障するために国家権力を分立するものです。守るべき人権について定めているのが人権の規定で、国家権力のうち何を誰が担当するかを定めているのが統治機構の部分ということになります。

ところが、憲法に書かれている権利のカタログを見ると、人権ではないものもいっぱい書いてあるのです。ちょっと見てみましょうか。

日本国憲法の規定の並び方は、他の国の憲法と比べるとやや特殊です。大日本帝国憲法と同じようにつくったからなのですが、それはいいとして、権利についての規定はどこに書かれているか知っていますか？

◆内山　第３章です。

そうですね。順に見ていくと、第１章が天皇。これは統治機構です。第２章が戦争の放棄、日本国憲法の非常に特殊なところです。第３章が国民の権利及び義務。第３章は10条から40条まであって、けっこう長い。その次の第４章が国会。第５章が内閣。第６章が司法。また統治機構になって、この三つの章ではまさに権力の分立が定められています。

あらためて第３章を見てみましょう。たとえば、最初に見たように15条には参政権が規定されているけれども、これは厳密な意味、狭い意味での人権ではないですよね。人が生まれながらにして持っている権利ではないからです。

そして、32条には裁判を受ける権利と書いてある。

> 第32条　何人も、裁判所において裁判を受ける権利を奪はれない。

これは人権と言えるだろうか？

◆内山　裁判所がないと意味のない権利だから、人が生まれながらに持っている権利ではないと思います。だから人権ではない。

そうですね。むしろ、憲法が裁判所に司法権を与えることを決めたからこそ生まれた権利です。

人権というのは国家の存在とは関係なしに、人間であれば生まれながらにして持っている権利です。つまり、国家よりも前にあると言っていい。

ところが参政権とか裁判を受ける権利とかいった権利は、国家がないと持ちようがない権利です。そういう意味では、人が生まれながらにして、あるいは人であれば当然に持っている権利とは言えないわけです。

このように、憲法のなかには人権以外の権利もたくさん定めてあります。

これらをいちいち区別するのは面倒くさい。だから、最近は憲法に書いてある権利はすべて人権と言うようになっています。これはいわば広い意味での人権です。

けれども、そうすると不都合が出てきます。もともと人権とは、人が人であるがゆえに当然持つ権利であるから、どんな国家権力でも奪えない、とても大切なもののはずです。ところが、憲法に書いてある権利はすべて人権だということになると、人権のインパクトが薄まってしまいます。

憲法の「名宛人」

さて、何度も言うように、憲法は人権を保障するために権力を分立します。ここで、憲法の「名宛人（なあてにん）」ということを考えてみましょう。

◆内山　名宛人？

名宛人って、何だろう。

◆内山　対象者のことですか？

対象者ね。なるほど。では、憲法は誰を対象にしてるの？

◆内山　その国の国民。

ではないのです。

◆内山　えっ？

ここが大事なところです。

答えから言うと、憲法は国家権力を対象としています。

どういうことかというと、赤信号で止まりなさいというルールがありますよね。道路交通法などの法律です。このルールは誰に対して命令しているかというと？

♦内山　国民です。

第一に国民ですが、とくに国民にかぎりません。外国人など、そこにいる人間全員に命令しています。法律とは、そこにいる人々を対象にしているものです。だからわれわれ国民は、さまざまな法律でさまざまな義務を課され、あるいは権利を制約されているわけです。

その一方で、憲法は国家権力を対象者にしています。もちろん、国家権力といっても現実には人です。たとえば内閣総理大臣や国会議員。あるいは第１講の最初に出てきたお巡りさんとか税務署の職員。こういった、国家のために国家の名前で動く人たちが、国家権力ということになります。

ですから、憲法と法律との違いとしては、前の講義で見た最高法規、硬性憲法、違憲審査制といった特徴に加えて、対象の違い・名宛人の違いということも挙げられます。法律は一般の人々を相手にするものだけれども、憲法は国家権力を相手にしている、ということです。

Natsuki's Note

憲法の目的
→ 人権の保障
手段
→ 権力の分立
(フランス人権宣言 16条)
「権利の保障と権力の分立」
「近代立憲主義」
constitutionalism

名宛人(99条)
→ 国民でなく 国家権力
ex) 公務員・おまわりさん・首相・天皇……

憲法は「冷たい」

憲法が相手にしているのは、国民その他の一般の人々ではなく、国家権力である。それを踏まえたうえで、あらためて憲法の規定を見てみましょう。人権の規定を何か一つ挙げてもらえますか。

◆内山　ええと……じゃあ、19条にします。

> 第19条　思想及び良心の自由は、これを侵してはならない。

19条は思想及び良心の自由を定めたものですね。「思想及び良心の自由は、これを侵してはならない」と命じているわけですが、これは誰に対する命令ということになりますか？

◆内山　国家権力です。

そうなりますね。

たとえば僕が、内山さんの思想・良心の自由を侵害するということはありえます。僕があなたの高校の先生で、「僕の言うことを聞かないと単位は出しませんよ」と無理を言う。あるいは、内山さんがイスラム教徒になりたいと言っているのに、僕が絶対ダメだと言って邪魔をする。このように、僕はあなたの信教の自由を侵害することがありうるのです。

けれども、僕は国家権力ではないから、僕のやっていることは憲法違反ではないのです。

◆内山　じゃあ、何の違反になるんですか？

民法ですかね。民法違反と言うと、法律学的にはちょっとおかしな言い方になりますが、民法には不法行為という規定があって、嫌なことをされたら損害賠償請求ができます。あるいは、強要したり脅したりすれば、刑法の強要罪や脅迫罪に問われることがあるかもしれません。

何が言いたいかというと、人権は誰もが持っている権利であり、憲法は人権を守ることを目的としている。だから、内山さんの人権が侵害されたら当然、憲法が守ってくれそうな気がするけれども、じつはそうではないのです。
　ちょっとわかりにくいですか？

♦内山　わかります。わかるんですけど……そうなんだ、って。

　そうなんですよ。憲法って、冷たいものなのです。

恋愛禁止は憲法違反か？

　ところで、ＡＫＢ48には恋愛禁止というルールがありましたよね。人には自由に恋愛をする権利が当然ある。しかし、それを侵害したら憲法違反になるのか。
　結論から言うと、憲法違反にはならないと思います。そういうルールはよくないという考え方をする人はいるでしょう。人権侵害だという弁護士さんなどもいますよね。
　しかし、恋愛を禁止したＡＫＢ48の偉い人は国家権力ではありません。

♦内山　なるほど。

　もちろん、恋愛を禁止されて内山さんが何か不利益を被ったとしたら、訴えることはできます。禁止の仕方によっては何らかの法律に触れる可能性もあるでしょう。でも憲法違反ではないんですよ。繰り返しますが、ＡＫＢ48の偉い人は国家権力者ではないからです。

たとえば、いま国家権力が、江戸時代のキリシタン弾圧のようなことをやったらどうなるか。ある宗教の信者は言うことを聞かないから、活動を禁止する。そういったことは、江戸時代でなくても、明治から昭和にかけてもあったんですよ。戦時中のことですが、キリスト教やいまの創価学会の前身、あるいは大本(おおもと)教といった当時の新興宗教団体の信者は、国家神道の強制に抵抗して靖国神社への参拝を拒否しました。政府は怒って、教会をつぶしたり信者を逮捕したりしました。

いまそういうことをやったら、ただちに憲法違反になります。信教の自由を定めた20条違反ですね。

ところが、たとえばある会社の社長さんが突然社員を集めて、「全員キリスト教の洗礼を受けろ」と命令したとします。明らかに信教の自由を侵害していますが、この場合は憲法違反でしょうか？

◆内山　憲法違反ではありません。

なぜですか？

◆内山　国家権力じゃないから。

そうですね。会社の社長は国家権力ではないからです。

国民は憲法を守らなくていい

憲法はこういうものなのです。やはりちょっと変な感じがしますか？

♦内山　します。

最高法規だから国民みんなが守らなければいけない、というイメージがあるのかな。

♦内山　守らなくていいんですか!?

守らなくていいのです。憲法を守らなければいけないのは国家権力です。われわれ一般人、国民は法律を守らなければいけないのです。

赤信号では止まらなければいけないし、土地を買って家を建てるときも勝手に建ててはいけない。たとえば京都市に大きな家を建てるときには、京都市の市長さんに建築許可をもらわなければいけません。

つまり国民は、法律によってさまざまな規制を受けるけれども、憲法の名宛人ではない。これが非常に重要なことで、憲法の名宛人は国家権力です。いちばん身近な国家権力はお巡りさんでしょうか。いちばん強い権力を持っていそうなのは内閣総理大臣ですね。最高裁判所や国会議員、それから天皇も国家権力の一部です。そういった人たちが憲法の名宛人です。

このことは憲法にも書いてあります。

> 第99条　天皇又は摂政(せっしょう)及び国務大臣、国会議員、裁判官その他の公務員は、この憲法を尊重し擁護(ようご)する義務を負ふ。

誰が憲法を尊重し、擁護しなければいけないかというと、天皇、摂政、国務大臣、国会議員、裁判官、その他の公務員[3)]。これだけです。国民は入っていません。

国民は憲法によって守られる存在であって、憲法によって縛られる存在ではない。これが近代憲法の考え方です。そのことが99条に書いてあるわけです。

だから、「思想及び良心の自由は、これを侵してはならない」とか「信教の自由は、何人に対してもこれを保障する」などといった規定は、99条に挙げられた人たちが守らなければいけないことなのです。

ということは、たとえば内山さんの財産権が侵害された、あるいは内山さんの信教の自由が侵害されたとして、国家権力が侵害していれば憲法問題になり、一般人が侵害していれば民法や刑法の問題、つまり法律問題になるということです。

学校でのいじめも人権侵害ですが、国家権力ではなくクラ

3　先ほどの高校の教師の例でいうと、その高校が国公立高校であれば先生は公務員であるから、ここでいう憲法の名宛人に含まれることになる。先ほどの例は、私立高校の教師の例だと理解されたい。

スメートがいじめているから、憲法問題にはならない。

こういう仕組みになっているわけですが、全部まとめたほうがわかりやすいと思いませんか。

♦内山　思います。ややこしいですよね。

でも、ややこしいことになっているのは理由があるからです。そもそも憲法は、国家権力を規制するためにつくられたという歴史的な背景が一つ。もう一つは、やはり国家権力を制約するのは非常に難しいことなんですよ。国家権力は強大ですし、賢い。あの手この手で裏道を通ろうとする。だから、憲法は国家権力を縛ることに集中する。そして、クラスメートをいじめるなとか、泥棒に入ってはダメだとか、人を殺してはいけませんとか、そういう国民に対する命令は、法律でやってもらうという役割分担になっているわけです。

Natsuki's Note

☆AKBの恋愛禁止は憲法違反？
→AKBも国家権力だから。
もしかしたら、他の法律違反かも。（損害賠償）

[?] 何で憲法の内容には国民へのことを盛りこまないの？
扱いにくい"国家権力"を扱うことに集中するため

日本で社会主義政策を採用できるか？

　では、憲法が国家権力をどのように縛っているのか、具体的に見ておきましょう。

　われわれの権利を制約したり、われわれに命令を課すのは法律です。法律は国会がつくります。その国会に対して憲法はいろいろな命令をしています。

　もしも国会が好き勝手に法律をつくっていいとしたらどうなるか。たとえば、土地は全部国有にするとか、株式会社を全部国有化するといった法律をつくることもできるでしょう。実際に似たような例があります。たとえばフランスで社会党のミッテランが大統領になったときです。

◆内山　社会主義？

　そう、社会主義的な政策ですね。いくつかの大企業を国有化しました。最近ではベネズエラでも同じようなことが起きています。もちろん、中国や昔のソビエト連邦などの社会主義国もそうです。

　でも日本国憲法には、財産権の保障がしっかりと書かれていますから、国有化できないようになっています。

> 第29条①　財産権は、これを侵してはならない。

つまり、法律をつくる国会議員に対して、この憲法を守りなさいと命令している。憲法で保障されている財産権、信教の自由、表現の自由といった権利を侵害してはいけない。法律は憲法を守ってつくらなければいけない、ということですね。

たとえば、表現の自由についても考えてみましょう。

> 第21条①　集会、結社及び言論、出版その他一切の表現の自由は、これを保障する。
>
> ②　検閲（けんえつ）は、これをしてはならない。通信の秘密は、これを侵してはならない。

国会が、「国会議員の悪口を言ってはいけない」という法律をつくるとします。これは国会議員としてはありがたいはずです。マスコミはいつも国会議員の悪口ばかり書きますからね。国家権力としては、自分を批判されたくないのは当然です。

けれども、たとえ多数決でそういう法律をつくっても、憲法では表現の自由が保障されているわけです。ということは？

◆内山　法律は違憲、無効です。

そのとおり。第1講で話したことですね。

パパラッチと表現の自由

憲法は国家権力を名宛人にしたもので、国民は守らなくてもいい。この話をすると、評判が悪いのです。「国民も憲法を守るべきだ」と考える人はたくさんいます。

内山さんはやっぱり恋愛禁止の問題は気になりますか？

◆内山　うーん……。そういうものだと思っているので……そうでもないです（笑）。

あ、そうですか。

◆内山　気になるのは、パパラッチのような人たちがやっていること、あれはプライバシーの侵害じゃないんですか。

もちろん、侵害しています。

◆内山　じゃあ、どうして捕まらないんですか。勝手に写真を撮っているのに。

簡単に言うと、刑法で「人の写真を勝手に撮ってはいけない」と書いていないから捕まえられないんです。けれども肖像権の侵害とか、プライバシー権の侵害については、損害賠償を求めることができます。

たとえば、私のゼミ生のような芸能人でもない人間が、家を望遠レンズで盗み撮りされて、「九大の○○君は部屋でこんなことをしていた」と雑誌に書かれたら、これは裁判で確実に勝てます。

◆内山　どうしてですか？

一般人だし、そういうことを報道する意味がないからです。
政治家の場合と比較するとわかりやすいでしょう。たとえば内閣総理大臣のプライバシーは、あってないようなところがあります。
誰と飲みに行っているか、誰と会ったかといったことは、私の学生の場合だったら完全なプライバシーです。けれども内閣総理大臣の会食については、やっぱり暴力団の大物と食事をしていたら問題でしょう。
そういう意味で、「公人」になるとプライバシーも小さくなる、ある程度プライバシー権を犠牲にするのは当然だと裁判所で判断されるわけです。だから大物政治家が週刊誌をプライバシー侵害で訴えても、勝てるときと勝てないときがあるでしょう。

◆内山　じゃあ、ＡＫＢのスキャンダルはどうなんですか。

一般論として、芸能人はまったくの私人ではありません。かといって政治権力を持っている人でもない。難しいところですが、スキャンダルを書いた週刊誌を訴えれば、プライバシー侵害で基本的には勝てると思います。
つまり、政治家などのプライバシーを暴くことは、世の中のためになる場合がある。後の講義で説明しますが、国家権力を国民が監視することは重要だからです。先ほど見た表現の自由が大切な理由は、まさにここにあります。

ただ、ＡＫＢのスキャンダルについては、裁判官が「それを暴くことが世の中のためになる」と判断することはまずないと思います。

♦内山　すごく不思議に思ってたんです。アイドルだからって、勝手に撮っていいのかなって。

それはもちろんダメですよ。とくに、まだ未成年であれば、いくら有名人だからといってプライバシーを侵害するのは許されないと普通は考えます。

ただ、これは雑談ですけれども、先ほども言ったように勝手に写真を撮ったからといって逮捕することはできない。損害賠償、要するにお金で解決するしかないのです。その損害賠償額が日本の判例ではとても低い。

そうなると、出版社としては後で損害賠償を100万円取られるのはわかっているけれども、それ以上に売れるから、売ってしまえというところはあるようです。

♦内山　えっ……。

憲法に書かれていない人権

いま内山さんが話してくれたプライバシーも、人権の一つです。出版社が学生の部屋を盗撮した場合と、警察が盗撮した場合の違いは、もうわかりますよね。

◆内山　国家権力である警察がプライバシーを侵害したら、憲法問題になります。

そういうことですね。ところで、プライバシーの権利というのは、憲法のどこを探しても書いていないんですよ。

◆内山　新しい人権ですね。

ああ、知っていましたか。

◆内山　小学生のときに勉強しました。プライバシー権と、環境権と、知る権利。

そうですね。いま新しい人権と言われているのは、そういった権利です。いずれも憲法には書かれていません。

では、憲法に書かれていないものを、どうやって保障するのか。硬性憲法だから簡単に改正して条文を書き加えることはできません。実際、日本国憲法は一度も改正されていませんね。

そうすると、状況の変化に応じて不都合が出てきます。社会のあり方が変わって、プライバシー権や環境権といった新しい人権を保護しなければいけないのに、そのための条文がないわけです。

じつは、こういう困った事態に対応するために、憲法には工夫がしてあります。憲法に書いてある表現の自由、信教の自由といった権利のほかにも、時代の要請に応じた解釈によって新しい権利を読み込めるようにしているのです。それが13条です。

◆内山　幸福追求権の条文ですね。

> 第13条　すべて国民は、個人として尊重される。生命、自由及び幸福追求に対する国民の権利については、公共の福祉に反しない限り、立法その他の国政の上で、最大の尊重を必要とする。

この幸福追求権の条文に、プライバシーの権利とか、環境権とか、自己決定権といった新しい権利を読み込むわけです。

ちなみに、環境権については議論があって、25条の「健康で文化的な最低限度の生活」のなかに「よい環境で生きる権利」を読み込めるという説もあります。

知る権利については、21条の表現の自由の前提として、自由に発言するためには十分な情報を得られなければならない。だから21条に知る権利を読み込めると、最高裁も認めています。

このようにして憲法は、条文には直接書かれていない新しい人権を保障するわけです。

人権が人権を制約する？

憲法は国家権力を縛ることによって人権を保障する、ということをここまで話してきました。

では、国家権力を厳しく制約しさえすれば、人権は守られるのか。じつは、ここに難しい問題があります。

たとえば、誰かが土地を買って家を建てるとする。好きなように家を建てる権利は財産権です。ところが、好き勝手に家を建てさせると、となりの家に日光が当たらなくなることがある。これは幸福追求権に含まれるとされる日照権の侵害になりうる。ここでは人権と人権がぶつかり合っているわけです。人権とは、このようにしばしばぶつかり合います。

本来、人権は人が生まれながらにして当然持っている権利で、制約してはならないはずです。だから国家権力による人権の制約は、憲法が禁じている。けれども、人は一人で生きているわけではない。だから他の人の人権との調整が必要で、そのためには人権を制約することも、ときには必要になる。ではどこまで制約していいのか。そこが難しいところです。

もう一つ例をあげると、プライバシー権はとても大事な権利です。プライバシーは一度暴かれてしまうと取り返しがつかない。そう考えると、プライバシーの侵害については厳しく取り締まるべきということになります。

ところが、マスコミなどによるプライバシー侵害を国家権力が厳しく取り締まると、それは報道機関やジャーナリストの表現の自由、あるいは出版社の出版の自由を侵害しかねません。つまり、この場合は、個人のプライバシーの権利と別の人の表現の自由とがぶつかっている。

最近の例でいうと、ヘイトスピーチと呼ばれる問題があります。少数派、たとえば在日朝鮮人・韓国人に対する差別的な言論を取り締まるべきという意見がある一方で、差別的な表現でも、表現である以上は憲法21条によって保障されなければならないという意見もある。こういう難しい問題があるわけです。

Natsuki's Note

☆ プライバシーの権利は難しい。
→ 一方の表現の自由が奪われるから…
cf. ヘイトスピーチ

国民の義務は三つでいいのか？

ここまでずっと権利の話をしてきましたが、最後に義務についても触れておきましょう。

日本国憲法は、ＧＨＱが草案をつくったという歴史的な背景もあって、非常に好き嫌いが分かれます。日本国憲法は嫌いだ、変えたいという意見の人もたくさんいます。もちろん憲法は変えてもいいのです。改正できることになっていますから。

ただ、改憲派の主張の一つに「日本国憲法には権利ばかり書いてあって、義務が少ないからいけない」という主張がある。たしかに、日本国憲法には義務はほとんど書かれていません。国民の三大義務は何ですか？

♦内山　子どもに教育を受けさせる義務、勤労の義務、納税の義務です。

第26条②　すべて国民は、法律の定めるところにより、その保護する子女に普通教育を受けさせる義務を負ふ。義務教育は、これを無償とする。

第27条①　すべて国民は、勤労の権利を有し、義務を負ふ。

第30条　国民は、法律の定めるところにより、納税の義務を負ふ。

日本国憲法に書かれている国民の義務はこれだけです[4)]。だからよくない、最近の若者は勝手なことばかりする、といった主張をする人がいるわけです。

けれども、じつはわれわれ国民にはいろいろな義務が課せられています。憲法ではなく、法律によってです。憲法が縛るのは国家権力で、国民に義務を課すのは法律だという話をしましたね。

　ということは、もしも国民に義務を課したいのであれば、法律をつくればいい。もちろん、憲法に違反しないようにという制約はありますが。

　憲法はあくまでも、国家権力を制約することによって国民の権利を守ろうという目的でつくられたものです。仮に国民の義務を増やすべきだという考え方が正しいとしても、だから憲法に国民の義務をもっと加えようというのは、的を外した主張だと私は思います。

　ここまでで何か質問はありますか？

◆内山　ありません!!　大丈夫です。

　ちゃんと理解できましたかね？

◆内山　理解できている……と思います（笑）。

4　このほかに、憲法12条には、自由・権利を「保持」する義務・「濫用」しない義務・「公共の福祉のために利用」する責任が定められているが、これは法的な義務ではなく、一般道徳的な心構え・指針を表明したものにすぎない。また、99条の「憲法を尊重し擁護する義務」は、上述のとおり、国民一般の義務ではない。

Natsuki's Report

アイドルの「恋愛禁止」は憲法違反か

●内山奈月

まず憲法のつくられた目的、手段そして名宛人から考えてみる。

憲法設立の目的の一つに「人権の保障」というものがある。「人権」とは「生まれながらにして、人であるがゆえに当然持つ権利」のことである。最近まで日本人には「人権」という概念がなく、ヨーロッパでも「人権　human rights」という言葉が使われたのは1789年のフランスにおける「人権宣言」の頃だ。

そして憲法が「人権の保障」をするために用いた手段が「権力の分立」である。権力を握る国の統治機構が、内閣、国会、裁判所と権力を分立することによって、どこかに権力が集中してしまうのを防ぎ、国民の権利を保障しているのだ。

では憲法の名宛人は誰なのだろうか。誰が憲法を守らなければならないのだろうか。多くの人は「日本国民」と答える

南野コメント 「最近まで」と言うとちょっと厳しすぎるかもしれません（笑）。明治以降は、たとえば天賦人権とか、西洋から人権の考え方が輸入され、知られるようになりました。

だろう。しかし憲法99条を見てみるとそれが誤りであることがわかる。憲法は「人権を保障するために、“国家権力”を取り締まっている」のだ。

　では、もしもアイドルに「恋愛禁止」という決まりがあったとして、それは憲法違反なのかということについて考えてみる。アイドルたちの恋愛を禁止するかどうかを決めているのは、国家権力ではなくそのアイドルグループ自身であろう。先ほども述べたように、憲法は“国家権力”がすることについて規制することはあるが、“国家権力以外”がすることについて規制することはない。つまりアイドルグループが定める「恋愛禁止」は、憲法違反に当たることはないのだ。

　しかし一方で、「恋愛禁止」というものが存在するとすれば、それが個人の自由を奪っているという点で、「損害賠償」の対象となる可能性は十分に考えられる。では、なぜ憲法は“国家権力以外”を取り締まることをしないのだろうか。

　それは、非常に高度で複雑な国家権力を扱うことに集中するためである。国家権力を取り締まるために憲法をつくり上げているのも、同じく国家権力である。自分の首を自分で絞めるような

Natsuki's Report

仕組みをつくるのは非常に難しい。そのため憲法は、「国家権力を取り締まること」に専念してその精度を上げているのだ。

しかし私は、このような議論以前に「アイドルの恋愛禁止」は憲法違反でも法律違反でもないと思う。なぜなら、アイドルは自分の意思でアイドルとしての立場を選択しているからである。「アイドルになってみたら、恋愛禁止を課されてしまった」のではなく、「恋愛禁止を課されても、アイドルになることを望んでいる」からだ。「恋愛禁止」というシステムは、本来誰かに課されるものではなく、「アイドルとして」「自ら望んで」自分に課するものだと思う。しかしそのなかで、「恋愛をするアイドル」というものが生まれてくるならば、それはアイドル個人の人権としての選択の自由かもしれない。

もう一つ、私が興味を持ったのは「パパラッチ」についてだ。アイドルであろうとそうでなかろうと、「プライバシーの権利」という人権を有している。もしもプライベートの写真を勝手に撮られてしまったら、それはプライバシーの権利を侵されているのではないか、ということだ。

これは「プライバシーの権利」がある一方で、「表現の自由」という権利も存在するということが問題である。パパラッチにも「表現の自由」が与えられていて、それは守られなければならない「人権」だからである。一方のプライバシーの権利を守るということは、もう一方の表現の自由を制限することになりかねないのだ。この点が「プライバシーの権利」を守ることを難しくさせている。

憲法は私たちを「縛る」ものというイメージが私のなかには強くあったのだが、実際はその逆であった。私たちの人権を守るために国家権力を規制していたのだ。私たち国民の味方であると言えるだろう。「憲法＝堅くて難しいもの」というイメージで敬遠しがちであったが、この事実を知ることで少しばかり憲法を身近に感じるようになった気がする。

調べてみよう・考えてみよう！

1）日本国憲法の第３章にはどのような権利が定められているのか、さまざまな観点から分類してみましょう。たとえば国家より前に存在する権利かどうか、外国人にも保障するべき権利かどうか、など。外国の憲法との比較もおもしろいと思います。

2）日本では選挙権は 20 歳以上の日本国籍保有者に与えられますが、諸外国ではどうでしょうか。18 歳？　外国人にも参政権を認める国がある？　国政選挙と地方選挙で差はあるでしょうか？

3）福沢諭吉、西周、津田真道、加藤弘之、中江兆民……。この時代の知識人は、本当に偉かったと思います。どういう人だったのか、ぜひ調べてみてください。伝記もあります。

4）ホッブズ、ロック、ルソーについても調べてみるとよいと思います。法学や政治学を勉強する人にとっては必須です。

第3講

国民主権と選挙

☆☆☆

政治を動かしているのは誰か？

第２講では、憲法学は人権論と統治機構論の二つに大きく分けられるという話をしました。この講義では統治機構の話に入っていきます。

統治機構というのは政治の制度の話でしたね。日本国憲法で、政治のシステムについて書かれている条文といえば、まず何を思い浮かべますか。

♦内山　１条の国民主権です。

> 第１条　天皇は、日本国の象徴であり日本国民統合の象徴であつて、この地位は、主権の存する日本国民の総意に基(もと)づく。

では、内山さんは国民主権というと、どういうイメージを持ちますか？

♦内山　日本の政治を動かしている基本は国民にある。

いいキーワードが出てきましたね。「政治」「基本」。では、政治を動かしている基本は国民にある、というのはどういう意味ですか？

◆内山　……結局、実際のところ、政治を動かしているのは議員さんですけど、議員を選んでいるのは国民だし、国民の代表としてやってくださっているので、権利の根本は国民にあるんじゃないかなと思います。

君主主権のわかりやすさ

なるほど。では、国民主権とは異なる政治制度としてはどんなものが考えられますか？　国民主権じゃなかったら何主権？

◆内山　天皇主権とか。

そうですね、君主主権。大日本帝国憲法は君主主権の憲法でした。日本の場合は天皇が君主。ヨーロッパだと国王や皇帝が君主になります。

その君主主権ですが、すごくわかりやすいと思いませんか。王様の手にすべての権力が集約されている。大日本帝国憲法の条文を見てください。１条に、天皇主権について書いてありますね。

◆内山　はい、書いてあります。

> 第１条　大日本帝国ハ万世一系（ばんせいいっけい）ノ天皇之（これ）ヲ統治ス

天皇は統治権者だったわけですね。４条を見ると、

> 第４条　天皇ハ国ノ元首ニシテ統治権ヲ総攬シ此ノ憲法ノ条規ニ依リ之ヲ行フ

とあります。
さらに、５条。

> 第５条　天皇ハ帝国議会ノ協賛ヲ以テ立法権ヲ行フ

つまり、立法・行政・司法の三権のうち、立法権を天皇が行使する。帝国議会はこれに協力するという位置づけです。
次に行政権を見ると……第４章です。見つけられますか？

◆内山　55条ですか？

> 第55条①　国務各大臣ハ天皇ヲ輔弼シ其ノ責ニ任ス
> ②　凡テ法律勅令其ノ他国務ニ関ル詔勅ハ国務大臣ノ副署ヲ要ス

♦内山　これ、読み方は「ホヒツ」でいいんですか？

そう、ホヒツです。助けるという意味です。「其ノ責ニ任ス」というのは、責任は大臣が取るということです。
注意してほしいのは、行政権の話なのに、日本国憲法と違って「内閣」が出てこないでしょう。

♦内山　あ！　そうですね。

帝国憲法上は、内閣はなかったんです。

♦内山　でも、伊藤博文(ひろぶみ)は内閣総理大臣ですよね。

そう、実際には天皇の命令で内閣をつくっていましたし、内閣総理大臣もいました。初代内閣総理大臣は伊藤博文です。
けれども、大日本帝国憲法には内閣が出てこない。大蔵大臣とか陸軍大臣、外務大臣といったそれぞれの大臣が、自分のやっている仕事について天皇にアドバイスをする。そして天皇が最終的に行政権も行うという建前だったわけです。
最後に司法権はどうか。第5章の57条です。

第57条①　司法権ハ天皇ノ名ニ於(おい)テ法律ニ依リ裁判所之ヲ行フ

「裁判所之ヲ行フ」と、一応ギリギリ裁判所の権限となっている。けれども、天皇の名において、と書いてあります。

このように、帝国憲法では立法権も天皇が行う。行政権も天皇が行う。司法権は裁判所が行うんだけれども、しかし天皇の名において、である。統治権を全部天皇が持っているという仕組みで、完全な君主主権の憲法だったわけです。

国民主権は嘘である？

そこで考えてもらいたいのですが、君主主権の憲法だと、王様、あるいは天皇が一人ですべての権限を持っているから非常にわかりやすい。なぜなら、君主が一人だからです。

ところが国民主権と言われると、たとえばいまの日本には1億3000万人の国民がいる。その国民に主権があるといっても、別に国民が法律をつくるわけではないし、予算を執行するわけでもない。ですから、普通は対になる概念として語られる国民主権と君主主権は、同じようには考えられない。そう思いませんか。

♦内山　え？　どういうことですか。

君主主権と言うときの君主と、国民主権と言うときの国民は、どちらも主権者ですよね。君主主権だと、君主が一人で三権をすべて実行できそうな気がします。けれども、国民主権はどうですか？

◆内山　人数が多すぎて、無理だと思います。

そうですね。仮に国民が５人からなる小さな国がどこかにあったとして、これくらい小さな国であれば国民主権も可能でしょう。５人で毎回話し合って立法も行政も司法もやればいい。けれども、普通の国民が何百万人、何千万人といる国になると、まあ無理でしょうね。

とすると、国民主権というのはそう言っているだけで、嘘なのではないか、とも考えられる。

◆内山　えっ、嘘なんですか。

国民主権であっても、国民が決めていないのではないか、という気がしませんか。われわれ一般国民が国の政治に関して、法的な権限を行使するのはいつですか？

◆内山　選挙のときです。

選挙のときだけなんですよ。衆議院議員選挙に投票する。参議院議員選挙に投票する。選挙と選挙の間は、もちろんいろいろな意見を言うことは自由です。「首相は退陣せよ」と言うことだってできる。けれども、実際には何もできませんよね。

このように、国民主権はどうやら怪しいものだとも考えられるわけです。

国民主権の二つの意味

では、国民主権が嘘ではないとすれば、どういう説明ができるか。

それがまさに、内山さんが先ほど言ってくれたこと、政治の基本を国民が決めてきたという考え方です。

ちょっと難しい話だけれども、主権には権力的な要素と正当性の要素の二つがあります。

まず、権力的な要素というのは、結局、誰が権力を行使するのか、つまり誰が決めるのか、という話です。君主主権においては、君主が権力を握っているから、決めるのは君主です。国民主権においては、国民が権力を握っているから決めるのは国民である……はずなんだけれども。

♦内山　それは怪しい。

というのが、先ほどの話でしたね。

もう一つ、正当性の要素というのは何か。ちょっと抽象的な話になりますが、ある決定が誰の名前で正当化できるのか、という話です。

なぜ法律は正当性を持つのか。国会議員が定めたからである。国会議員が定めるとなぜ正当性があるのか。それは国会議員が国民の代表だからである……なぜ国民の代表なのか。国民が選んでいるからである。こうして法律は正当化されます。立法という政治的決定が、最終的には国民の名によって正当化される。これが国民主権の正当性の要素です。

おそらく、国民主権と言った場合には、いま話した二つのうち、権力的な要素はほとんどありません。なぜならば、国民は選挙のときにしか動かないからです。けれども、国民主権の国家である以上は、国民が必ずどこかに登場するはずです。どこに出てくるかというと、権力を持って実際に決定を行う存在として登場するのではなく、決定に正当性を与える存在として出てくるにすぎない。これが国民主権です。ちょっと難しいですか。

◆内山　でも、何となくわかります。

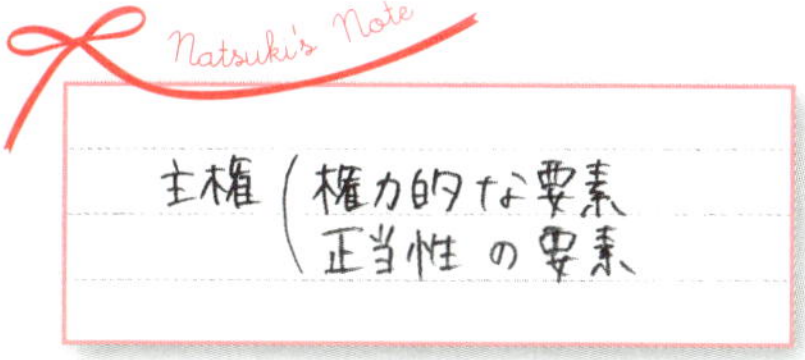

直接民主制と間接民主制

じつは、国民主権でもこの権力的要素を持っている仕組みがあります。直接民主制って聞いたことありますよね。

◆内山　はい、あります。

直接民主制に対する言葉が間接民主制で、日本は間接民主制です。直接民主制と間接民主制の違いは説明できますか？

♦内山　直接民主制は国民全員とか、住民全員で議会をつくって話し合うけれど、間接民主制は国民が選んだ代表者が議会をつくって政治をする。

完璧です。では直接民主制をとっている国はありますか？

♦内山　ないと思います。

そうですね。少なくとも現在は、直接民主制の国はありません。けれども、歴史を遡るとどうだろう。

♦内山　あります。たとえばアテネとか。

そうです。アテネをはじめとする古代ギリシャの都市国家は直接民主制でした。市民が全員参加で話し合って政治を行っていた。ちなみに、そのときの全員というのは、成人男子のことです。女性は含まれないし、奴隷も含まれません。

都市国家の人口は多くても数十万人、参政権のある成人男子に限れば数万人レベルですし、いまほどたくさん法律をつくっていたわけではない。たとえば現在の日本では、改正も含めて、1年間に100本くらい法律をつくっています。都市国家と比べて国土も広ければ人口も多い日本では直接民主制は無理です。だから間接民主制をとることになります。

ただ、日本国憲法にも国民が直接、政治に関して意思表明する制度がいくつか定められているのは知っていますか？

◆内山　最高裁判所の裁判官の国民審査とか。

> 第79条②　最高裁判所の裁判官の任命は、その任命後初めて行はれる衆議院議員総選挙の際国民の審査に付し、その後10年を経過した後初めて行はれる衆議院議員総選挙の際更に審査に付し、その後も同様とする。
> ③　前項の場合において、投票者の多数が裁判官の罷免を可とするときは、その裁判官は、罷免される。

そうです。最高裁判所の裁判官の国民審査は、たしかに直接民主制的な規定ですね[1]。それからもう一つ。

◆内山　国民投票。

憲法改正の国民投票はとても重要な直接民主制の規定ですね。

> 第96条①　この憲法の改正は、各議院の総議員の３分の２以上の賛成で、国会が、これを発議し、国民に提案してその承認を経なければならない。この承認には、特別

1　ただし、最高裁判所裁判官の国民審査制度は、厳密な意味での政治に関係するものではないので、直接民主制の一種として数えるべきではないという考え方も有力である。

の国民投票又は国会の定める選挙の際行はれる投票において、その過半数の賛成を必要とする。

とりあえずこの二つだけです。この二つ以外は、国会議員を選んでその国会議員に決定してもらうということになっている。つまり、間接民主制に直接民主制的なものを少し加える、というのが現代の普通の憲法のあり方です。

国会議員は無駄なのか？

内山さんは直接民主制と間接民主制のどちらがいいと思いますか？

◆内山　間接民主制です。

あ、そうですか。

直接民主制は人口が多いから不可能だと先ほど言いましたが、じつは、かつては無理だったけれども、いまはできなくもない。たとえばインターネット上で、法案の可否を全国民にイエス・ノーのクリックで投票してもらう方法を提唱している人もいます。現代ならば直接民主制は技術的には可能です。それなら憲法を改正して直接民主制にすればいいのではないですか？　国会議員にはすごくお金がかかっていて無駄でしょう。それでも、やはり間接民主制のほうがいい？

◆内山　間接民主制がいいです。

なぜでしょうか？

◆内山　政治については、私たちにはわからないことも多いじゃないですか。プロの人が政治をしたほうが、もっと行く先を見据(す)えた政治ができそうです。

そんなに国会議員は偉いと思いますか？

◆内山　偉いかどうかはわからないですけど、でも、政治を専門にお仕事をしているから、私よりはしっかりとした判断ができるのかなと。間違ってますか？

いえいえ。正解のない話ですから。

◆内山　直接民主制だと、ほんとに収拾のつかないことになりそうです。

収拾のつかないことというのは？

◆内山　すごい極論とかも出てきそうじゃないですか。明らかに日本全体を幸せにするとは思えないような意見が出てくるかもしれないし。

なるほど。これはとても難しい話ですが、たしかに直接民主制は危ないのです。間接民主制では、プロの政治家が公の場所で、ＮＨＫに中継されたり、議事録が残ることを踏まえて、自分の考え方に従って賛成とか反対をします。そして政治家は、自らの責任を選挙で取る仕組みになっている。ところが、もしも国民全員がボタンで投票するということになると……。

◆内山　責任感がない。

　そうですね。そもそも、有権者全員で討論することは難しいですから、イエスかノーかを選ぶくらいになるでしょう。すると、たとえばテレビタレントに影響されたり、弁舌の巧(たく)みな政治家に影響されたりして、安易な判断をしてしまうおそれがある。直接民主制については、こういう危険性がよく指摘されています。

　僕もやはり、間接民主制のほうがいいだろうと思います。理由はいろいろありますが、内山さんが言ってくれた点にはまったく賛成で、政治を仕事にしている人たちが情報を収集して、議論して、いい法律をつくってくれたほうがいい。

　ただ、それは理想論です。現実の国会を見ると、国会議員のなかにはどうしようもない人もいるのでね。その点は微妙ですけれども、現在の憲法学では内山さんのような考え方をしている人が多いのです。

まともな間接民主制を実現するためには

議会の議論に任せたほうがいいと言えるためには、条件があると思います。極端な話をすれば、議会がろくでもない人の集まりだったら、ろくでもない700人くらいで大事なことを決められたら……。

◆内山　かえって危ないです。

ということは、間接民主制のほうがいい、ということが成り立つためには、条件がありそうですね。

◆内山　議員がしっかりとした人でなければいけない。

そうでないと困りますね。では、しっかりとした議員を選ぶためには、どうすればいいでしょう。

◆内山　国民が選挙のときにきちんと判断して、代表者を決める。

そのためにはどういう工夫をすればいいですか？

◆内山　国民は政治家に対して関心を持つことが必要だし、選挙で嘘ばっかり言えないような環境をつくる必要があります。

それも大事ですが、制度的にはどんな工夫が必要になるでしょうね。

たとえば､金権選挙という問題があります。簡単に言うと、当選したい人が有権者に1万円ずつ渡して、投票してくださいというような話です。

そういうことをされると、いい代表が選ばれない可能性がありますよね。金権選挙が行われないようにするには、どうすればいいでしょう。

◆内山　法律で禁止する。

そう、それが一つの選挙の規制のやり方です。票をお金で買ってはいけない、あるいは有権者に金品を配ってはいけないといったルールは、公職選挙法にあります。

誰に選挙権を与えるべきか

法律はそうなっているとして、憲法のレベルではどうでしょうか。憲法には、昔からの知恵で、それなりにいい人たちが国会議員に選ばれるための工夫があるんですよ。

◆内山　そうなんですか。

選挙にはいくつか重要な原則があって、それは憲法に盛り込まれています。なぜそのような原則があるかというと、いい代表が選ばれるようにするためです。何も規制せずにほったらかしの選挙をすれば、悪いやつばかりが当選しかねない。そうなったら間接民主制が堕落してしまうので、憲法でルールを定めるわけです。

選挙の原則として、どういうものが考えられますか。

◆内山　年齢制限。選挙に出る人も投票する人も、一定の年齢を超えていなければいけない。

なるほど。５歳児に投票権を与えると、親の言うとおりに投票したり、あの人は何となく好きだからという理由で投票するかもしれないですからね。18歳なり20歳なり、考えて投票できるような年齢制限をしなくてはいけないでしょう。被選挙権も、議員としてふさわしい判断力を持つ人が立候補するように年齢制限が必要です。

年齢の問題にかぎらず、いい議員を選ぶためには、選挙権を誰に与えるかというのは重要な問題です。日本国憲法は誰に選挙権を与えていますか？

◆内山　国民です。

そうですね。しかも、20歳以上の国民の全員に与えています。

では、これはいいことなのでしょうか？

◆内山　はい。

本当に？

♦内山　いいと思います。

国民の全員に選挙権を与える選挙を何といいますか？

♦内山　普通選挙。

そうですね。また対になる概念で考えると、普通選挙と違う選挙のやり方は何と呼ばれているか知っていますか？

♦内山　特殊選挙？

なるほど、「普通」の反対だから「特殊」ということですね。残念ながら正解は、制限選挙です。

日本は長らく制限選挙を行ってきましたが、戦後、普通選挙になりました。

♦内山　昔は税金を15円以上納めている男子だけだったんですよね。

そうです。「直接国税15円以上」という制限がありました。その制限は1925年に加藤高明（たかあき）内閣のもとで撤廃されて、男子普通選挙になります。はじめて男女の普通選挙が行われたのは戦後になってからです。

普通選挙は正しいのか？

あらためて聞きますが、内山さんは普通選挙と制限選挙のどちらがいいと思いますか？

◆内山　普通選挙です。

そうですか。では、制限選挙を正当化するとしたら、どのような理屈が考えられますか。たとえば「直接国税15円」なんてことを、なぜ考えたんだろう。

◆内山　国のために貢献している人は投票していいよということですか？

そういうこともあるでしょうね。要するに、お金を払っている人に発言権を与えようということです。
もう一つ、当時言われていたのは、お金持ちのほうが余裕があるということです。お金持ちは、明日の朝ご飯の心配をしなくてもいい。そういう人はゆっくり新聞を読んで、次の政権はどういう政策をしたほうがいいか、と考える余裕がある。ところが貧乏人は日々の生活に精一杯だから、正しい選択ができないのではないか。だから制限選挙のほうがいいんだという理屈があるのです。このような考え方についてはどう思いますか？

◆内山　差別です。お金持ちでも全然政治に興味がない人はいると思うし、お金がなくても政治に関心がある人はいると思います。

一般化できないということですね。では男女ではどうですか。女性は政治に向いてない？

◆内山　いえ、向いてます。

どうして昔から女性には選挙権がなかったんでしょうね。じつは、女子の選挙権が認められたのは、ヨーロッパの国々でもほとんどは第一次大戦後になってからです。それはどうしてでしょう。

◆内山　役割が違うと思われていたから。

きっとそうなんでしょうね。「女は家のなかのことをやってろ」といった考え方です。それはもう、いまでは正当化できない理屈ですね。

では、たとえば高卒の人には選挙権を与えないというのはどうですか。

◆内山　いや、学歴は関係ないと思います。大学を出ていても、政治に全然興味がない人はいると思うし、ニュースが好きでよく見ている人は、大学に行っていなくても、たくさんの知識を持っているのではないでしょうか。

なるほど。ということは、どこかで線を引くことはできない。人それぞれに違うからということですね。

いま話したような「誰に選挙権を与えるべきか」という問題はすごく難しくて、政治哲学という分野で議論していることです。でもなかなか答えが出ない。

そのなかで、いちばん説得力があるのは、いま内山さんが言ってくれたことです。どこかで線を引いても、必ず例外の人が出てくる。高卒より大卒のほうが見識があっていいだろうと何となく言えそうな気がするけれども、その区分に当てはまらない人はいっぱいいる。だから線を引くことはできない、ということなのです。

自由な投票を保障する知恵

普通選挙は制限選挙よりはいいとしても、みんなに選挙権を与えればいい代表が選ばれるとは言えないでしょう。ほかにも選挙の原則は必要になりそうです。

憲法が定めている選挙の原則には、重要なものがもう一つあります。15条に４項という規定があるでしょう。

◆内山　あ、秘密投票ですね。

第15条④　すべて選挙における投票の秘密は、これを侵してはならない。選挙人は、その選択に関し公的にも私的にも責任を問はれない。

◆内山　これは、誰に投票したかを言ってはいけないということですか？

言いたければ言ってもいいのですが、国家権力が「言え」と言ってはならないということです。つまり、「お前は誰に投票したんだ？」と聞かれないということ。

なぜ秘密投票の原則があるかというと、誰に投票したかという秘密が完全に守られていないと、人は自由に投票できなくなるからです。自由に投票できなくなると、代表の選ばれ方がゆがみます。だから投票の秘密は保障しなければならないのです。投票の公正さを保つためです。

Natsuki's Note

☆ 直接民主制 / 間接民主制
→ いい代表が選ばれなければならない。

選挙の原則
・普通選挙
・秘密選挙

選挙制度が政治を決める

先ほどから話しているのは、どうすれば選挙でいい代表、しっかりした国民の代表を選べるか、そのためにはどういう工夫をすればいいかという話です。

そもそも、いい代表とはどんな代表でしょう。

一概には言えないのですが、一応は「社会学的代表」といって、現に存在する国民の政治的な意思をできるだけ正確に国会に反映するのが、いい代表であると言われています。

では、社会学的代表を実現するためには、どうすればいいか。いちばんわかりやすいのは、国民のうち自民党支持者が何パーセント、民主党支持者が何パーセント、共産党支持者が何パーセント……という比率になっているとして、その比率をそのまま国会の議席に反映させることです。そうした場で議論をすれば、国民の考え方が反映されたよりよい判断が期待できるのではないか、というのです。しかし、後であらためて取り上げますが、このようなやり方では、うまくいかないことが多いのです。

そして実際のところは、各政党が国会の議席をどれだけ占有することができるかは、選挙制度によって大きく左右されます。いま、日本はどういう選挙制度をとっているか知っていますか？

♦内山　衆議院は、小選挙区比例代表……並立制？

そのとおり。たいしたものです。

♦内山　やったぁ（笑）。

小選挙区比例代表並立制は不思議な制度です。

小選挙区というのは、一つの選挙区から１人だけ当選する制度ですね。ということは、当選した人以外の候補者に投票した票は全部無駄になる。死票（しひょう）（死に票）です。

僕が選挙権をもらった頃は、中選挙区という制度でした。一つの選挙区から３人くらい当選していた。当時は自民党が強くて、その次に社会党が強くて、その２党の候補が当選する。そして３人目が共産党か公明党か、という感じでした。

ところが、いまは小選挙区制だから１位の候補しか当選しません。

♦内山　死票がすごく多くなりますね。

そうです。するとどうなるか。簡単な算数で考えてみると、ある選挙区の自民党支持者が40％、民主党支持者が30％、公明党支持者が10％、共産党支持者が５％、その他が15％だとします。定数３の中選挙区制で選挙をすると、公明党の候補までが通ります。無駄になったのは共産党支持者の５％と、その他の15％です。

ところが、小選挙区制で選挙をすると、自民党支持者の40％以外の票はすべて死票になってしまう。

だから、小選挙区制だけで選挙をすると、結局どの選挙区からも自民党だけが勝ち上がってくることがありうる。支持率１位の政党が圧勝して、国会のほとんどが自民党になるわけです。ところが、国民の多数は自民党を支持していない。60％は自民党以外の候補者を支持していますから。にもかかわらず、反自民・非自民の議員はゼロになってしまいます。

このように、小選挙区制だけだと不都合が出てくるということで、比例代表制を並立させているのが現在の制度です。比例代表制は政党を選ぶものなので、有権者は自分の支持政党に投票します。得票の割合に応じて、各政党に議席が振り分けられるのです。現在は、小選挙区と比例代表を組み合わせた制度ですから、国会を一つの政党が占めることにはなっていないわけです。

とはいえ、いまの制度は小選挙区選出の議員のほうがはるかに多い。たしか、小選挙区が300議席くらいでしたっけ。

♦内山　小選挙区が300、比例区が180です。

ありがとうございます（笑）[2)]。だから、選挙の結果が大きくぶれるようになりました。2012年の衆議院選挙では自民党が圧勝して、国会が自民党議員だらけになりましたね。でも、その前の2009年の選挙では民主党が圧勝して、民主党議員だらけになった。これはちょっと問題ではないかと言われていて、改正の議論も多くあります。

2　ただし、2013年６月24日に成立した公職選挙法の改正（いわゆる０増５減法）により、次の総選挙からは定数が小選挙区295人、比例区180人になる。

１人１票でなければいけないのか？

同じく選挙制度の問題として、「１票の格差」があります。前にも出てきましたが、選挙区の人口の増減によって、当選するために必要な票の数が大きく違ってしまうという問題です。もしも格差が２倍を超えれば、ある人は票を２票持っているのと変わらなくなる。これでは平等とは言えません。平等選挙も、憲法が定めている重要な原則の一つです。

たとえば、東京都とか大阪府のような人口の多いところだと、10万票取っても落選することがあります。けれども高知県とか鳥取県だと、４万票くらい取れば当選できることもある。１票の重みが明らかに違うということで、最高裁判所も違憲の判断を出していました。この問題はどう思います？

♦内山　格差が生じることは、よくないことだなあとは思います。でも、どうしようもないんじゃないかなあと。

数字の話ですから、解決できないことはないんですよ。

♦内山　４増４減とか？

そう、2013年７月の参議院選挙では、いくつかの選挙区では議席を合計４つ増やし、別の選挙区では合計４つ減らしました。人口に応じて議席数を調整するのが一つのやり方です。

もう一つのやり方として、選挙区の線引きを変えるという方法もあります。たとえば、鳥取県と島根県は人口が少ないので、合わせて一つの選挙区にする。

ただ、ここにも難しい問題があります。そもそも、１人１票は厳格に守らなければいけないものなのでしょうか。

◆内山　……？

１票の格差で誰が得をして、誰が損をしていますか？

◆内山　鳥取で立候補したほうが選ばれやすい。

そうですね。それは国会議員の立場から見てです。国民から見ると？

◆内山　鳥取県民のほうが発言力が大きくて、東京都民の発言力は小さい。

そうなりますね。つまりどういうことかというと、田舎の人の発言権が都会の人に比べて強くなっているということです。「じゃあ、いいんじゃないの？」っていうことになりませんか。

◆内山　でも……。

衆議院の選挙区選出議員の数でいうと、東京は25人。鳥取は２人です。それだけ議員がいれば、東京の発言力は当然、強くなります。そう考えたら、鳥取県民が少々、東京都民よりも選挙で優遇されてもいいような気がしませんか？

◆内山　でも、憲法違反です。

そう、裁判所はそれはダメだと言うのです。裁判所の言うとおりだと思いますか？

◆内山　憲法に書いてあるからダメなんじゃないですか。

憲法にそんなことが書いてありましたか？

◆内山　14条に平等でなければいけないと書いてあるのに、１票の重みが２倍もあったら、権利が２倍あることになります。

第１講で取り上げた難しい問題もあるのです。「平等」といっても、解釈次第で何を平等とするかは違ってきます。憲法違反かどうかは、明快にはわからないですよね。

実際、日本の最高裁判所は1972年に、衆議院選挙の最大格差が５倍になったときに憲法違反という判断を出しています。ところが参議院については、いまだかつて違憲判決を出したことがない。1992年の参院選で最大格差が６倍を超えたときでさえ、「違憲状態」としか言っていません。違憲状態とは、「早めに何とかしないとそのうち違憲になるよ」ということだと思ってください。つまり、合憲という判断です。

どういうことかというと、格差が何倍になったら違憲かという基準が、衆議院と参議院とで違うらしい。これはどういうことだと思いますか？

◆内山　……どうしてですか？

本当のところは、最高裁に聞かなければわかりません。ただ、おそらくは二院制だからです。衆議院と参議院に期待されている役割が違うと最高裁は考えた。参議院は都道府県の代表という機能を果たしてもいいと考えたのでしょう。

もちろん、こうした最高裁の考え方には、憲法学界から批判が上がりましたし、最近では、最高裁も考え方を変えてきています。しかし実際のところ戦後何十年ものあいだ、参議院選挙の１票の格差は、非常に大きくても許されてきたのです。

こんなふうに考えていくと、１人１票がはたして厳密に守られなければいけないものなのか、わからなくなってくるでしょう。

選挙制度こそ、真の憲法である

秘密投票、普通選挙、平等選挙といった選挙の原則は、いい代表が選ばれるための仕組みです（さらに、誰にも干渉されずに投票できるという自由選挙の原則もとても大切です）。

とはいえ、いちばんの問題はやはり選挙制度です。あるフランスの学者は、「選挙制度こそ、本当の憲法だ」と言っています。具体的な選挙制度は憲法ではなく、日本でいえば公職選挙法のような法律で定められることも多い。ところが、選挙制度しだいで国会の構成はどうにでも変えられる。つまり国のあり方を決定できるわけです。

先ほども言ったように、国民の意思を正確に反映するためには、じつは純粋な比例代表制がいちばんいいのです。

◆内山　ドント式ですよね。

ドント式[3)]も一つのやり方ですが、比例代表には数多くのやり方があります。国会議員全員を比例代表で選ぶようにすると、票を集計すれば、国民の政党支持がほぼ忠実に国会に反映されるわけです。

われわれ国民の政党支持を正確に反映することだけを追求すると、全国を一つの選挙区にしての比例代表制がいちばんいいのです。では、なぜそうしないのか。

◆内山　大きい政党が権力を握っていたほうが政治が安定するから。小選挙区にすればたくさんの小さな政党がばらばらに議席を取ることがなくなって、日本の政治が安定するからです。

……あなた、そんなこと誰に聞いたの？

3　日本の比例代表選挙で使われている議席配分の計算方式。

◆内山　授業で学びました。

すごくいい先生ですね。そのとおりなのです。

比例代表制はいま言ったように、国民の政党支持を正確に反映するためにはいちばんいい制度です。その結果どうなるかというと、たいていは多党制になります。

多党制になると、どこか一つの政党が圧倒的に強いということがなくなります。すると、議会で安定した過半数を得るためには、Ａ党とＢ党が連立を組む、あるいはＡ党とＣ党が連立を組むということが必要になります。一党だけでは過半数を超えられないからです。

われわれは投票するときには、Ａ党がいい、Ｂ党がいいといった選択をしたはずでした。ところが、フタを開けてみるとＡ党もＢ党も過半数を取れないので、気がつくと全然想像していなかった連立が組まれている。結果として、誰も満足できない連立政権ができてしまう可能性があるわけです。

もう一つ、連立政権になると特定のイシュー（争点）で連立を脱退することがありえます。たとえば鳩山由紀夫連立政権のときに、沖縄の普天間（ふてんま）基地の問題で社民党は連立を離脱しました。このときは民主党が単独で過半数の議席を占めていたので政権は倒れませんでしたが、連立政権は抜ける党や残る党の議席数によっては、すぐに倒れてしまう。ということは？

◆内山　政権交代が起こりやすくなります。

そうですね。選挙をしなくても政権がコロコロかわるわけです。民主党の首相だったと思っていたら自民党の首相になった。自民党だと思っていたら公明党になった……というようにです。

このような不安定な政治は非常に危険です。じつは徹底した比例代表制をとっていたのが、ドイツのワイマール共和国でした。

第一次世界大戦後にできたワイマール共和国の憲法（1919年）では、その結果少数政党が乱立して、政権がコロコロかわった。ようやく政権ができたと思ったら、その政権が3ヵ月くらいで解消して、また別の党から首相が選ばれる。その繰り返しで政策が進まない。そのため国民の政治に対する不満が高まっていきました。

政治不信が高まると、国民は「とにかく強いリーダーが出てきてほしい」と思ってしまいます。「何でもいいからとにかく早く決めてほしい」と。そこで出てきたのがヒトラーだったわけです。

たしかに比例代表制は、国民の意思を正確に反映する素晴らしい制度です。たとえば、三つくらいしか政党がない国でやるとうまくいくかもしれません。けれども、日本のように自民党から共産党までさまざまな政党がある国では、なかなかうまくいかないわけです。

どういう選挙制度がいいのかという問題は、政治学者と憲法学者がいろいろ頑張って勉強していますが、まだベストな答えは出ていないのです。

Natsuki's Note

☆ 問題点
- 一票の格差
- 選挙制度 → 国会の構成をいくらでも変えられる!!

バランス!!! ｛小選挙区／比例代表　　ex) ワイマール共和国 → ヒトラー

↳ 国民の意思を尊重しすぎるあまり……

選挙制度改革が難しい理由

選挙制度については別の問題もあります。選挙制度はどこに定められていますか？

◆内山　公職選挙法です。

公職選挙法というのは法律ですよね。法律を決めるのは？

◆内山　国会議員です。あっ……。

わかりますよね。つまり、国会議員が国会議員を選ぶ制度を決めている。だから、自分たちが極端に不利になる制度をつくるはずがないのです。多数派の与党は、少数政党が勝てるような選挙制度をつくるはずがない。だから選挙制度の改革はなかなかうまくいかないのです。これは間接民主制に潜むジレンマです。

１票の格差の問題にしてもそうです。先ほどはあえて１人

1票の原則を疑ってみましたが、常識的に考えれば、やはり法の下の平等という規定がある以上、鳥取県民も東京都民も同じ重みの1票であるべきです。最高裁も定数を是正するべきと言っています。けれども、なかなか国会は動かない。公職選挙法を改正しようとしないのです。

なぜかというと、「この選挙区は人口が少ないから国会議員を減らそう」と言ったら、その選挙区から選ばれた議員が猛反対するからです。

♦内山　難しいですね。

難しいんですよ。だから、それなら直接民主制でいいじゃないかという話も出てくる。いびつな選挙制度で選ばれた国会議員に任せておくよりは、インターネット投票によって自分たちで決めたほうがいいという考え方にもなるわけです。

表現の自由のもう一つの意義

というわけで、どのような選挙制度がいいのかという問いに対しては、憲法からは一義的に答えは出てきません。

♦内山　一義的に？　どういう意味ですか？

憲法をいくら読んでも、たった一つの正解なんて書かれていないということです。結局、どういう政治がよりよい政治なのか、という議論にならざるをえないわけです。

いまの国会を見ていると、僕自身は、代表を選ぶ制度がうまくいっているとは思えません。民主党が圧勝して政権交代した選挙、もっと言うなら、その前の小泉純一郎首相のときの選挙は憶えていますか？

◆内山　郵政解散のときの選挙ですね。

あのとき、国民はみんな小泉さんが大好きでした。だから自民党が圧勝しました。その次の選挙で、今度は自民党がぼろ負けして民主党が圧勝しました。次の選挙では、今度は安倍晋三さんの自民党が圧勝しました。小選挙区制が中心なので、どうしてもこういう極端な結果になってしまう。なかなか僕には、いい選挙制度だとは思えないのです。

ただ、そうだとしても、国会の場でプロに議論してもらって、それをマスコミがきちんと報道して、われわれが表現の自由をもって自由に批判をして、次の選挙では違う政党を選ぶ可能性が残っている間接民主制のほうが、イエス・ノーの判断くらいしかできない直接民主制よりはましである。というより、間接民主制しかないということだと思います。

◆内山　ここで表現の自由が出てくるんですね。

そうです。じつは間接民主制でいちばん大事なのは「表現の自由」です。

人権論のなかでの表現の自由は、人が生まれながらにして持っている権利である以上、保障されなければいけない、という位置づけでした。

ところが、表現の自由は、人権として重要なだけでなく、統治機構論においても重要なのです。民主政治に役立つから、表現の自由は保障しなければならないのです。

表現の自由が保障されていないと、選挙をやっても意味がありません。われわれは各政党の政策をすべて知っているわけではないし、自民党のどこがよくてどこが悪いのか、民主党はどうなのか、よくわからないことも多い。そういうことを、誰かがきちんと指摘しなければなりません。

そこでマスコミの役割が重要になります。マスコミが日々報道してくれるから、私たちは判断材料を得ることができ、どの政党がいいか、どの議員がいいかを決められるわけです。

そういう意味で、民主制にとっていちばん重要なのは、政治的な表現の自由です。西洋諸国の歴史を見ると、表現の自由のなかでいちばん抑圧されてきたのが、政治的な表現の自由でした。権力者を批判した表現、王様とか大統領の悪口を言う表現の自由は、もっとも検閲されてきたのです。

政治家が週刊誌にプライバシーを暴かれても裁判で負けることが多いのは、政治的表現の自由が重要だからこそです。

Natsuki's Note

☆ 間接民主制で大切なこと!!

表現の自由 (政治的な) ― これがなければ選挙はムダ

人権として

統治機構として

間接民主制よりましなアイデアはない

　人類の歴史を見ると、18世紀末から19世紀にかけて、ヨーロッパ人が選挙と間接民主制を定着させました。はじめは能力が高いとされた男性だけに投票させて、その後、次第に選挙権が広がり、さまざまな選挙制度が考えだされました。
　ところが、これだけコンピュータが発達した現代になっても、まだ間接民主制の枠組み自体は変わらないのです。間接民主制にはさまざまな問題がありますが、それ以上のアイデアは出てきません。国民主権である以上、ほかに選択肢はないということだと思います。日本の政治はうまくいっていない気がするけれども、しようがない。民主主義は、けっして最高の政治体制ではないけれども、民主主義よりましなものはないのです。

◆内山　へー!!　そうなんですか！　民主主義は当たり前のものだと思っていました。

　すっきりしない話でしょう。法学には正解のない、すっきりとしない話が多いのです。どうしたらよりよい代表が選べるのかという問題は、答えの出ない永遠の難問です。
　いずれにせよ、内山さんは現在の制度だと２年後に投票ということになりますから、しっかりと候補者を見て、自分で「この人なら任せられる」という人を選ぶのがいいのだろうと思います。

Natsuki's Report

国民主権のために質の高い代表を選出するための工夫

●内山奈月

主権には二つの要素がある。権力的なものと権力を正当化するためのものだ。日本は国民に主権があるとしながら「間接民主制」をとっている。間接民主制とは、選挙によって選ばれた国民の代表が話し合いを行って政治を動かす仕組みだ。国会議員は選挙によって“正当化”された“権力”が与えられているのだ。なぜなら、国民の意思によって選ばれた代表だからである。

なぜ日本は、国民全員で話し合って政治を行う「直接民主制」をとらないのであろうか。それは、「政治のプロ化」を図るためだろう。現在の日本の技術があれば、国民全員の意思を調査し多数決によって決める「直接民主制」をとることは十分可能である。しかし、政治や経済についての専門的知識や見識を持たない人の判断よりも、専門的な勉強をし「政治家」を職業とする人の判断に任せたほうが、より賢明な判断をすることができるという考え方が、間接民主制の根底にあるのではないだろうか。質の高い「政治のプロ」に政治を任せたほうがよいということが、日本が間接民主制を取る主な理由だと思う。

間接民主制が本来の目的どおりの機能を果たすために大切なことは、「選挙によって“いい代表”が選ばれること」である。しかし、現在の選挙制度にはいくつかの問題点がある。一つめは「1票の格差」が生まれてしまっていることだ。1票の格差による「不平等な選挙」によって選出された国会議員を、“いい代表”と呼ぶことはできないであろう。

二つめは「選挙制度」の問題である。現在、日本の衆議院では「小選挙区比例代表並立制」をとっている。小選挙区制と比例代表制をどのくらいのバランスにするのかということは、非常に難しい問題なのだ。小選挙区制は、大政党に有利で政治は安定するが、小さな党を支持する国民の意見を反映しにくい。反対に比例代表制は小さな政党の勝利により政治が不安定になるが、国民の意思を尊重しやすい。どれくらいのバランスで採用することが、いちばん“いい代表”を選ぶことにつながるのだろうか。選挙制度を変えることによって、国会の構成はいくらでも変えることができてしまう。

これらの選挙制度における問題を解決するためにあるのが「公職選挙法」という法律である。国会議員が「公職選挙法」によって、自分たちに大き

く関係する選挙の内容をつくり上げているのだ。これは穿(うが)った言い方をすると、国会議員は自分たちに有利なように法律を定めることが可能だということである。“いい代表を選ぶのは難しい”ということが簡単にわかる例である。

いい代表を選ぶことが難しい間接民主制を支えるのが「表現の自由」である。マスコミが表現の自由を持つことによって、国会の進み方や国会議員の考え方を第三者的に報道できるのだ。国会議員はマスコミの監視があると、公約違反や怠慢、悪事を働くことは難しくなる。国民はマスコミの情報を取捨選択し意思決定の材料とすることで正しい判断を導く。

また国会議員は「国民」という監視がつくことで、責任を果たしていることを証明し、選ばれた自覚を持ち続けることで、より“いい代表”となっていくのではないだろうか。「表現の自由」がなければ、選挙は無駄であると言っても過言ではないほど、「表現の自由」は質の高い代表を選出するための機能的な工夫と言える。

私は、マスコミが「選挙」において重大な責務を持ち、その役割を果たしているということをはじめて知り驚いた。また、悪いほうに可能性を考えていくと、国会議員は自分たちの有利なように政治を進めていくことができ、それは独裁につながる可能性をはらんでいることを理解し、非常に恐怖を感じた。

私たち国民は、その危険性を理解したうえで積極的にマスコミから情報を収集し、選挙で責任を持った１票を投じる義務があるのだと思う。いくら「政治のプロ化」が進んでいるからといって、国会議員だけが政治に関する知識を持っているのでは、間接民主制の本来の意味が損なわれるのだ。最低限の知識を国民一人一人が得ることによって、よりよい正しい方向に日本の政治が進んでいくのではないだろうか。

私も、国会議員やマスコミの情報を鵜呑み（うの）みにするのではなく、自分の頭で考えた自分の意見をきちんと持っていたいと思う。

南野コメント そうですね。マスコミも間違った情報を流すことがあるかもしれませんし、結局は国民一人一人に表現の自由がきちんと保障されていることがいちばん大切だと言えるかもしれません。

調べてみよう・考えてみよう！

1）スイスのいくつかの州では、直接民主制がとられています。どのような政治体制なのか調べてみましょう。

2）大日本帝国憲法下の天皇と、日本国憲法下の天皇を比較検討してみましょう。

3）日本は、憲法のもとに天皇という君主が存在する立憲君主制の国だと分類されることがありますが、この分類は適切でしょうか。世界の主要な立憲君主制の国（イギリスやオランダ、スペインなど）と比較してみてください。

4）日本の選挙は1回投票制です。それが当然と思うかも知れませんが、たとえばフランスは2回投票制です。どのような制度なのか調べてみましょう。日本の制度と比較して、それぞれの長所、短所を検討してみてください。

5）小選挙区制は、比例代表制とは異なり、得票率と議席占有率の差がとても大きくなることがあります。最近の衆議院選挙を題材として、各党の全国での得票率と、選挙結果の議席占有率を比較してみましょう。

第4講

内閣と違憲審査制

☆☆☆☆

いちばん偉い人の選び方

前の講義では立法府である国会について話をしました。この講義では、三大統治機構の残り二つ、内閣と裁判所について考えてみましょう。

内閣でいちばん偉い人はわかりますよね。

♦内山　内閣総理大臣です。

内閣総理大臣は日本国憲法ではどこに登場しますか？

♦内山　66条1項に出てきます。

> 第66条①　内閣は、法律の定めるところにより、その首長たる内閣総理大臣及びその他の国務大臣でこれを組織する。

そうですね。第3講で話しましたが、大日本帝国憲法には内閣という言葉はありませんでした。天皇が「君、内閣総理大臣をやりなさい」と自由に選ぶことができた[1)]。

日本国憲法は国民主権なので、内閣総理大臣を選ぶのは天

1　実際には、元老や重臣と呼ばれる、天皇を補佐する人々が人選を行い、天皇に推薦していた。また、大正末期からの一時期は、衆議院の第一党の党首を首相に任命する慣行が生じた（「憲政の常道」）。

皇ではありません。誰が選びますか？

♦内山　国会です。

> 第67条①　内閣総理大臣は、国会議員の中から国会の議決で、これを指名する。この指名は、他のすべての案件に先だつて、これを行ふ。
> ②　衆議院と参議院とが異なつた指名の議決をした場合に、法律の定めるところにより、両議院の協議会を開いても意見が一致しないとき、又は衆議院が指名の議決をした後、国会休会中の期間を除いて10日以内に、参議院が、指名の議決をしないときは、衆議院の議決を国会の議決とする。

「他のすべての案件に先だつて、これを行ふ」とあるから、総理大臣の指名は、選挙の後の国会で最初にしなければいけないわけですね。

♦内山　急いでやらなければいけないってことですか。

国の統治機構にとっていちばん重要なことですからね。内閣総理大臣が決まらないと国が動き出しません。ここで重要なのは、国会議員のなかから選ぶということ、そして国会議員が選ぶということです。

ところが、日本の国会は二院制だから、衆議院と参議院があります。ねじれ国会という言葉をニュースで聞いたことがあるでしょう？　どういう状態のことか、説明できますか？

♦内山　参議院と衆議院で第一党が違うから、いつも異なった議決になってしまって、法律案が参議院から戻ってきて衆議院の優越ですべてが可決される状態。

うーん……相変わらず詳しいですね。もしかすると九大生よりよく知っているかもしれない。

♦内山　ありがとうございます（笑）。

まさに内山さんの言うとおりで、ねじれ国会というのは衆議院と参議院で第一党や多数派が違うということです。日本では最近、衆議院の第一党が自民党で参議院の第一党が民主党とか（2007年）、あるいは衆議院で過半数をもつ民主党が参議院では過半数をもてない（2010年）という形でのねじれ国会が生じています。

ねじれ国会の状態だと、総理大臣を急いで決めろと憲法に書いてあっても、衆議院と参議院の議決が違うことがありうる。たとえば衆議院では安倍晋三さんが選ばれて、参議院では海江田万里さんが選ばれることになると、なかなか総理大臣が決まらない。

法律案の場合は、もう一度衆議院に戻って審議するということが59条2項に書いてあるけれども、総理大臣の指名は急がなくてはいけない。だから67条2項では、両院協議会を開き、それでも一致しないときは衆議院の議決を国会の議決とすると書いてあります。ただ、両院協議会を開いても、どうせ話し合いはまとまらないですよね。

◆内山　結局は、衆議院の議決で総理大臣が決まる？

そうなります。

総理大臣の強力な権限

こうして選ばれた内閣総理大臣は、さまざまな権限を持っています。

そもそも内閣とは何ですか？

◆内山　国務大臣の集まり。

そうです。その国務大臣は誰がどうやって選ぶのですか？

◆内山　内閣総理大臣が指名するんですけど、過半数は国会議員でなければならない。

68条の規定ですね。

第68条①　内閣総理大臣は、国務大臣を任命する。但し、その過半数は、国会議員の中から選ばれなければならない。
② 内閣総理大臣は、任意に国務大臣を罷免することができる。

内閣総理大臣は、国務大臣を任命するだけでなく、「任意に国務大臣を罷免することができる」と書いてあります。任意というのは法律用語で、何の理由もいらないということです。好き勝手に、ということですね。

過半数は国会議員というルールさえ守れば、自分の友人を集めてもいいし､気に入らなくなったらクビを切ってもいい。内閣総理大臣には強大な権力が与えられていることがわかると思います。

ここが大日本帝国憲法と日本国憲法との違いです。大日本帝国憲法のときは、天皇が自由に大臣のクビを切ったり首相を代えたりすることができた。いまの天皇にはそういう権限はありません。そのかわり、内閣総理大臣に大きな権限が与えられているのです。

内閣総理大臣には、ほかにも権限があります。たとえば裁判所と関係する権限を知っていますか？

◆内山　最高裁判所長官の指名です。

第6条②　天皇は、内閣の指名に基いて、最高裁判所

> の長たる裁判官を任命する。

先ほどの68条とは全然違うところにある条文ですね。「内閣の指名に基いて」とありますが、内閣の決定というのは閣議、国務大臣が集まる会議で行われます。そして、先ほど言ったように、内閣総理大臣は自分の言うことを聞かない国務大臣を代えることができる。ということは、もしも閣議で自分に反対する国務大臣がいたら、総理はどうするでしょう？

◆内山　罷免して、自分の言うことを聞く人に代えることができる。

そういうことです。天皇は内閣が指名した人を任命するだけなので、実際には最高裁判所の長官を、内閣総理大臣が選べるのです。

ほかにも最高裁判所についての規定はあります。79条の１項。

> 第79条①　最高裁判所は、その長たる裁判官及び法律の定める員数のその他の裁判官でこれを構成し、その長たる裁判官以外の裁判官は、内閣でこれを任命する。

◆内山　最高裁長官は指名で、今度は任命なんですね。

いいところに気づきました。指名と任命の違いがわかりにくいですね。指名は、誰を選ぶかを実質的に決めること。任命は、誰かが選んだ人を認める、という感じだと思ってください。最高裁判所の裁判官については、指名についての規定がないので、内閣が実質的に選んだうえで任命する、ということになります。国務大臣も同じです。

国会は「最高機関」でいいのか？

ここで、これまで何度か出てきた民主的な正統性についておさらいしましょう。

統治機構の要素である国会、内閣、裁判所は、それぞれどのくらい民主的正統性を持っているのかということです。

国会は、われわれ国民が直接選挙で国会議員を選びます。つまり、民主的正統性がいちばん高いのは国会議員です。

次は内閣総理大臣です。内閣総理大臣は国会議員から選ばれているからです。国民と内閣総理大臣の関係には、国民が直接選んでいる国会議員というワンクッションがはさまっています。

その次が裁判所です。最高裁判所の裁判官は、国会議員が選んだ内閣総理大臣が選びます。ということで、またもう一つクッションがはさまるわけですね。

♦内山　民主的正統性は国会がいちばん高くて、裁判所がいちばん低い。

そうです。すると、国会がいちばん偉いのでしょうか？

◆内山　はい。そうだと思います。

民主主義的な考え方ではそうなるでしょうね。実際、19世紀のヨーロッパの人たちは国会がいちばん偉いと考えていました。われわれ国民の代表者だし、われわれが選挙で選んでいるのだから、と。日本国憲法にもそういうことが書いてあるでしょう。

◆内山　「国会は、国権の最高機関であって……」

41条にある文言ですね。国民の代表である国会がいちばん偉いという考え方が反映されています。

ところが、そういう19世紀的な、いわば「民主主義バンザイ」の考え方は、だんだん修正されていきます。

民主主義では人権を守れない？

法律は国会でつくられます。法律って、どういうものでしたっけ？

◆内山　国民に義務を課すものです。

そうでしたね。国家権力を縛（しば）るのが憲法で、国民を縛るのは法律だと第１講で学びました。

法律のほとんどは国民の権利や自由を制約するものです。食堂を経営したい人は、衛生管理者や調理師の資格を取らなければいけない。家を建てるときは、建築許可を取らなくてはいけない。このように国民の自由を制約することで、世の中は回っています。

とはいえ、国会は国民の代表だから、最終的にはわれわれにとって利益になるような法律をつくってくれるだろう、というのがもともとの考え方です。

しかし、実際には国会議員にも悪い人がいる。おかしな法律ができてしまい、本来私たちが持っている権利が必要以上に制約されることはありえます。

わかりやすい例がドイツです。ヒトラーは国会で選ばれてドイツの首相になって、議会で法律をつくってユダヤ人を虐殺したわけです。

日本の帝国議会でも、治安維持法などの法律をつくって国民の表現の自由、思想・良心の自由を制約した歴史があります。

このように見ていくと、19世紀的な国会、立法府に対する考え方が疑わしくなってきます。国会はわれわれの代表であり、われわれのためにいいことをしてくれると信じていたけれども、実際にはわれわれのためにならないことをすることもある。国会は信用できない、ということがわかってきたのです。

こうして20世紀、とくに第二次大戦の後になると、いくら民主的正統性があるからといって、国会に権力を集中させてはいけないという考え方が強くなってきます。そこで、どのような仕組みが考えられたでしょう？

◆内山　違憲審査制で、間違った法律ができたら無効にできるようにする。

　そうでしたね。裁判所、司法権に違憲審査制を与えようという発想が広がっていくわけです。
　これは何度か言ったように、国民の代表であるはずの国会がつくった法律に、民主的正統性のいちばん低い裁判所がダメ出しするということです。その意味で、違憲審査制は民主主義とは矛盾します。
　では、その違憲審査制はどういう考え方で正当化できるのか。ここで出てくるのが現代的な立憲主義の考え方です。
　立憲主義というのは、どういう考え方でしたっけ？

◆内山　権力を制約しようということ。そのために権力を分立するということです。

　その結果、われわれの権利を保障するということでしたよね。
　もともと立憲主義が制約しようとしたのは君主の権力でした。これが近代立憲主義です。君主の権限や時には君主そのものをなくして、国会と内閣、裁判所に権力を分立していく。そのなかでは国会が最高の地位にあると考えられてきました。ところが20世紀になると、今度は国会もほうっておくと危ないということになった。「国会もコントロールすべきである」と立憲主義の内容が変化していくのです。これが現代立憲主義であり、現代立憲主義が形になったものが違憲審査制なのです。

違憲審査制は正当化できるのか？

問題は、民主主義において、違憲審査制をどのように正当化できるのかということです。繰り返しますが、いちばん民主的な正統性の高い国会のつくった法律に、もっとも民主的正統性の低い裁判所がノーと言うわけですから、一歩間違えると裁判官の独裁になりかねない。

結論から言うと、違憲審査制を完全に正当化することはできないのです。現にアメリカではいまだに議論が絶えないという話をしましたね。

もちろん、いくつか正当化の理屈は考えられています。民主制というものは、最後まで多数決でしか決められない。多数決のときに、多数派を構成する人々が聖人君子であれば、少数者のことも考えて法律をつくるけれども、普通の人間はなかなか少数者のことまで考えが及ばない。ということは、民主主義だけで突っ走るとどうなるでしょう。

◆内山　少数者が犠牲になります。

そう、それがまさにドイツで起こったことであり、日本でも起こったことです。

そうならないためには、多数決と結びついた民主主義に何か歯止めをかけなくてはいけません。その方法として考えられたのが違憲審査制ということです。

ところが、アメリカの違憲審査制は憲法には書かれていない。だから正当化するのが難しい。他方、日本では憲法の81条に違憲審査制が書いてあるので、一応は正当化できるということになります。

日本国憲法の草案をつくったのはＧＨＱです。草案を書いたのはとても優秀な人たちで、みんな若かったけれども、ハーバードのロースクールなどで法律を学んだ人や弁護士など法律家もたくさんいました。

彼らはアメリカで行われている違憲審査制は、絶対に日本でも必要だと考えた。同時に、「アメリカの憲法には、違憲審査制の規定がないから、いつも問題になる」ということもわかっていた。だから、日本の憲法には違憲審査制を明記すべきだと考えた。このあたりのことは、すでに第１講で話しましたね。

国民審査という正当化の仕組み

そのうえで、彼らはもう一つ、違憲審査制の正統性、あるいは最高裁判所の正統性を担保するために、おもしろい制度を取り入れました。何かわかりますか？

◆内山　最高裁判所の裁判官の国民審査？

正解です。これは79条に定められていましたね。

第79条② 最高裁判所の裁判官の任命は、その任命後初めて行はれる衆議院議員総選挙の際国民の審査に付し、その後10年を経過した後初めて行はれる衆議院議員総選挙の際更に審査に付し、その後も同様とする。
③ 前項の場合において、投票者の多数が裁判官の罷免を可とするときは、その裁判官は、罷免される。

この国民審査がどうやって行われるかというと、衆議院総選挙のときに、選挙の投票用紙と一緒に国民審査の投票用紙が配られます。そこには、審査される裁判官の名前が書いてある。そのなかに「この人は辞めさせたい」と思う裁判官がいたら、そこにバツをつける。もしも投票者の過半数がバツをつけたら、その裁判官は罷免されるというものです。

この制度は、アメリカのいくつかの州にあった制度をモデルにしたものだそうです。日本国憲法の草案を書いた人たちは、日本の最高裁判所に違憲審査権限を与えるに当たって、こういう審査の制度を入れておいたほうがいいだろうと考えたわけです。なぜそう考えたと思いますか？

◆内山　直接民主制的な制度を入れることで、裁判所の民主的正統性が高まるからです。

まさに、そこがポイントです。国民審査があると、われわれは最高裁判所の裁判官を罷免することができる。国民が直接、裁判所を監視できるわけですね。

こうして、最高裁判所に一応は民主的正統性が与えられることになります。違憲審査を行う裁判官が国民の直接投票で罷免される可能性を定めていることは、日本国憲法が他の国の憲法とは違うところで、とても重要なことです。

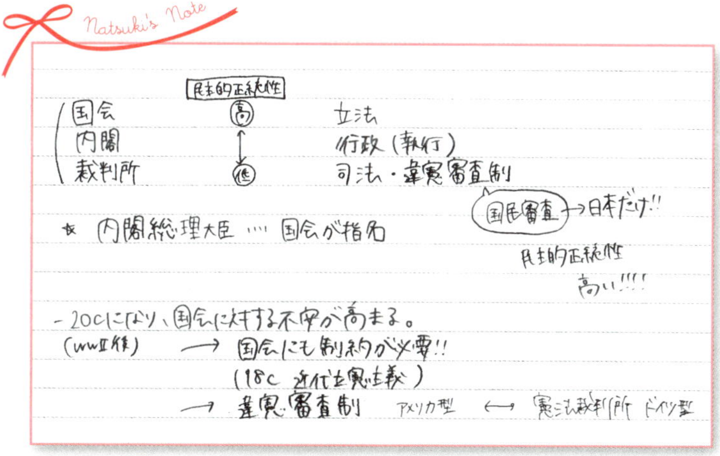

国民審査は機能していない？

ところで、内山さんは誰か最高裁判所の裁判官の名前を言えますか？

◆内山　知りません。

そうでしょう。僕も何人かは言えるけれども、全員は言えません。

というのも、最高裁判所の裁判官はしょっちゅう代わるからです。イメージとしては、長年にわたって裁判官とか弁護士などを務めてきたおじいちゃん、おばあちゃんが最高裁判所の裁判官に選ばれる。そして、わずか２～３年で定年の70歳になって辞める、という感じです。しかも、首相や大臣などとは違って、毎日のように彼らの言動がテレビで報道されるわけでもない。そういう意味で、「よく顔が見えない」人がほとんどです。

ということは、「この裁判官はよくない」と思ったら辞めさせられるとはいっても、まず国民が最高裁の裁判官を認知していない。しかも、国民審査では同時に何人も審査しなければならないのに、資料を持ち込むことは許されていないので、バツをつけようと思っていた裁判官がいても、いざ投票用紙を前にすると、それが誰だったか思い出せなくなったりする。

つまり、国民審査が行われているといっても、きちんと機

注意

一　やめさせた方がよいと思う裁判官については、その名の上の欄に×を書くこと。
二　やめさせなくてよいと思う裁判官については、何も書かないこと。

×を書く欄										
裁判官の名	山浦善樹	岡部喜代子	須藤正彦	横田尤孝	大橋正春	千葉勝美	寺田逸郎	白木勇	大谷剛彦	小貫芳信

（2012年12月16日の国民審査投票用紙より）

能しているとは言いがたいのです。実際、この審査の結果、最高裁の裁判官が辞めさせられたことは、これまでに一度もありません。

ちなみにアメリカの最高裁には定年がありません。つまり、死ぬまで、あるいは自分から辞めると言うまでは、誰もクビにすることができないのです[2)]。実際、1980年代にレーガン大統領に任命された裁判官はまだ現役です。30年近くずっと最高裁の裁判官をやっています。

いまのジョン・ロバーツ長官は2005年に50歳で任命されていますから、このまま健康であればあと20年くらいは最高裁の長官を務められるわけです。

このように最高裁の裁判官が長いあいだ務めていると、どうなりますか？

◆内山　だんだん顔と名前が一致してくる？

そうですね。国民はニュースなどで繰り返し最高裁の裁判官を目にするようになります。すると、個々の裁判官を認知するようになるでしょう。たとえば30年もずっと長官が代わらなければ、「またロバーツはあんな判決を出したのか」「けしからんな」といった意見を持つこともあるでしょう。

ということは、もしもアメリカで最高裁裁判官の国民審査をやれば、それはまともな審査として機能するのではないでしょうか。残念ながら日本では、われわれ憲法学者でも15

2　ただし、「弾劾裁判」により罷免されることはありうる。

人の裁判官をなかなか覚えられないのが現状です。

だから、国民審査は民主的な正統性を違憲審査制に与えるものだけれども、あくまでも理屈ではそうなるということで、事実上はうまく機能していません。

では、国民審査が機能するためには、どのような方法が考えられますか？

♦内山　日本でも、アメリカのように若い裁判官を任命すればいいと思います。

たしかに、せめて10年くらいは最高裁にいるようにしないと、国民は審査できないですよね。ただ、そうすると弊害も考えられませんか。

♦内山　長く権力を握っていると……威張るようになるかもしれませんね。

やはり、そう思いますよね。アメリカの連邦最高裁長官のように何十年もその座にいると、すごい権力を持ってしまいますから。それよりは、日本のように２～３年で担当する人をコロコロかえるほうが、民主主義の観点からはいいとも考えられる。どちらが、よりましかというのは難しい問題です。

違憲判決が少ないのはなぜか？

どこまで機能しているかという問題はあるにしても、日本の違憲審査制には国民審査というめずらしい制度がつけ加えられていて、民主的正統性が一応は高められていることがわかりました。

ただ、そうはいっても国民の代表がつくった法律を違憲とするのは大変なことです。

日本で違憲審査制が始まったのは戦後、新憲法の下ででした。では、最高裁判所がこれまでに違憲判決を出した法律はいくつくらいあると思いますか？

◆内山　10個ぐらい。

……もしかして、予習してきましたか？

◆内山　いえ、適当に言いました。

じつは10件です。

◆内山　正解だ！

数え方によっては９件という人もいますが[3)]、10件という数はすごく少ないと思いませんか。

◆内山　少ないんですか？

3　1962年11月27日に出された関税法のある規定を違憲とした判決（いわゆる「第三者所有物没収事件判決」）を、ここにいう法律の規定を違憲と判断した判決（「法令違憲判決」と呼ぶ）に含めて数えると10件、これを除くと９件である。

少ないのです。他の国と比較するとよくわかります。たとえばアメリカでは、1803年に違憲審査制が始まって以来、法律を違憲としたものだけでも、1000を超える判決が出ています[4)]。

韓国では1987年に違憲審査制を始めてまだ30年もたっていませんが、300件を超える違憲判決が出ています。フランスでは2010年から新しい違憲審査制が始まりましたが、すでに80件を超える違憲判決が出ています。ドイツは1951年に違憲審査制を始めて、やはり500件以上も違憲判決が出ています。日本の10件というのは、比較すると異常なほど少ないのです。

これはどういうことでしょう。なぜ日本は違憲判決が少ないと思いますか？

◆内山　日本の国会では、議論が慎重に行われているから。

法律がきちんとできているから、という意味ですか。

◆内山　はい。

では、アメリカとかフランスとか韓国の国会議員は、日本よりへたくそな法律をつくるから違憲になる？

4　ある公式統計によれば、2011年までに連邦法を違憲としたものが175件、州法を違憲としたものが951件である。

◆内山　そうは思いませんけど、もっと安易に決めているのかも。

なるほど。内山さんのように「法律がきちんとできているから違憲判決が少ない」と考える人は、学者のなかにもいます。じつは僕もそう思っています。もっとも、日本の国会議員が他の国に比べてレベルが高いからというわけではないのですが。

誰が法律を書いているのか？

この講義では「国会が法律をつくる」と当然のように言ってきました。それ以前に、われわれは小学校から、国会が立法機関だと習ってきましたよね。けれども、実際に法律を書いているのは誰？

◆内山　委員会？

なるほど、国会議員は法務委員会や経済産業委員会のような委員会に分かれて議論していますね。つまり、国会議員が法律を書いているということ？

◆内山　違うんですか？

たしかに、国会議員は立法者のはずですよね。英語ではそのものずばりでlawmakerとも言います。だから、本来だと国会議員が法律を書くはずです。たとえば自民党の議員さんたちが法案を書いて国会に提出して、民主党とか共産党と議論をして、可決する。そう思いますよね。

♦内山　はい。そうじゃないんですか？

実際は違うのです。国会議員が法律の細かい条文を書くのはまず無理、と言ったら怒られますが、非常に難しい。

では誰が書いているかというと、霞が関の官僚たちです。役人がほとんどの法律案を書いています。

最初の講義で内山さんが言ってくれましたが、日本の法律には、内閣が提出する法律案と、国会議員が提出する法律案の２種類があります。

じつは、ほとんどの法律案は内閣提出法案です。これが日本の立法の特色です。

内閣提出法案は、内閣の会議である閣議で決定します。具体的な例でいうと、たとえば消費税を上げるときには、消費税法を改正する法案をつくる必要があります。でも、安倍首相が自分で条文を書くわけではありません。役人が書くのです。この場合は何省の役人が担当するでしょう。

♦内山　財務省。

そうですね。あとは国税庁とか。ほかにも、たとえば道路交通法で定められている速度制限などの交通ルールを変更するときには、国土交通省や警察庁などの役人が原案をつくってくれる。大学のカリキュラムを変えましょうということになったら、文部科学省の役人が法案を書いてくる。法律の内容によって担当する役所があるわけです。

こうしてつくられた法案は、各省の大臣に渡されます。消費税増税法案なら、財務省の役人が財務大臣に渡して「閣議に出してください」と頼みます。すると財務大臣は「じゃあ次の閣議に持っていくよ」と言って閣議に提出する。そこで大臣たちがみんなで法案を見て、「これでいいですね」ということになれば、内閣総理大臣が国会に法案を提出する。これが内閣提出法案です。

内閣法制局という超エリート集団

この内閣提出法案をつくる過程に、日本の法律がきちんとできている理由、違憲判決が少ない理由があるのです。

唐突ですが、法律の文章って難解だと思いませんか？

◆内山　難しいです。何が書いてあるかわからない……。

そうですよね。理解するのも難しいけれども、書くのもすごく難しいのです。

たとえば、「又は」と「若(も)しくは」の意味の違いってわかりますか？

◆内山　え？　同じじゃないんですか。どっちも「or」ですよね。

普通の日本語ではそうですが、法律の言葉では使い方が違うのです。詳しいことは、もっと法律に興味が出てきたら調べてみてほしいのですが、「又は」と「若しくは」で条文の意味する内容が変わってきてしまう。

◆内山　へー!!　そうなんですか！

法案をつくるお役所の役人は専門家ですから、法律の言葉づかいには詳しくなります。それでも間違えてしまうことはあるのです。そこで、閣議に出す前に、内閣法制局という法律のプロに審査してもらいます。

◆内山　内閣法制局も、お役所ですか？

官僚組織の一つです。法律に詳しい人が揃っています。この内閣法制局の審査が、ものすごく厳しい。

僕も審査の様子を見に行ったことがあります。大きな机に内閣法制局のおじさんが座っていて、法律の難しい本がたくさん積んである。そこにドアをノックして「財務省です」などと言いながら、官庁の役人が何人か法案を持って入ってきて着席する。「では、1条から読んでいきましょう」と言って、「あ、この言葉づかいは違うね」とか、「10条にはこう書いてあるけど、2条と矛盾するんじゃないの？」とか、赤ペン先生のように添削していくのです。

じつはここで、憲法に違反しないかのチェックも行われます。「こんな書き方だと裁判所に憲法違反と判断されますよ。昭和○年の判例にはこう書いてある」といった突っ込みが入るのです。内閣法制局の人がすごいのは、そういうデータが全部頭に入っている。

◆内山　すごい……。

そういう審査を受けて、赤ペンを入れられたところを直して、また見てもらって赤ペンを入れられて……ということを繰り返して、ようやく法案ができて閣議に提出されます。
こうしてできた内閣提出法案が国会の立法のほとんどを占めているわけですから、法案は国会に出てきた段階でまず間違いがない。それだけでなく、憲法に違反していないかという審査もすんでいることになります。

◆内山　内閣法制局の人って、どこで選ばれるのですか？

おもしろい質問ですね。どう思いますか？

◆内山　公務員の人？

もちろん官僚です。ただ、選抜の方法が普通の官僚とは違います。
たとえば内山さんが将来、財務省の役人になりたいと思ったら、国家公務員試験を受けて、合格したら財務省に行って「私を採用してください」と面接でアピールをして、財務省が「よし、こいつを採ろう」と思えば採用されます。

けれども、内閣法制局はそういう採用活動をやっていません。各省から評判のいい人を採るのです。財務省、法務省、総務省といった役所で何年もキャリアを積んできた人のなかで、「あの人はすごく法律に詳しい」といった評判が立つ人を呼んで、何度か面接をする。そのうえで適任だと判断したら、「何年間か内閣法制局に来てよ」と採用するのです。

◆内山　すごい、超エリート。超すごい人たちなんですね。

エリート官僚のなかのエリートです。あとは裁判官も入っています。検察官からも選ばれますね。審査や調査をする人は全部で30人くらいですが、この人たちがすべての内閣提出法案を審査しているわけです。

Natsuki's Note

- 内閣提出法案（閣議決定）　← 内閣法制局の審査
- 議員提出法案　← 法制局の審査なくてもいい

議員立法は危ない？

議員が出す法案はどうでしょうか。じつは衆議院法制局、参議院法制局という部署があって、そこに議員さんが相談に行って、「これでいいですか」と相談に乗ってもらうことはできます。けれども、必ず審査を通さなければいけない決まりはありません。つまり、間違いや、憲法と矛盾する規定が見逃される危険が大きい。

その一方で、議員さんは自分に票を入れてくれる団体やグループに有利になるような法律をつくることがあります。

一つ例を挙げると、1963年に薬事法が改正されたことがありました。資格のない人が強い薬や服用の難しい薬を売ったら危険です。そこで薬局の設置は、薬事法という法律で規制されているわけです。

ところが、ある時期から大型チェーンの薬局が増えてきて、小さな田舎の薬局の経営が苦しくなってきました。そこで薬局の団体が自民党の参議院議員の人たち（なかには元薬剤師だった人もいました）に、「簡単に新しい薬局を開店することができないようにしてほしい」と要望を出しました。

そこで議員さんたちは、もともとある薬局から一定の距離を置かなければ薬局を設置してはいけないことにするという法改正を行ったのです。これは議員立法です。

この法律がどうなったかというと、後の1975年に最高裁判所が憲法違反で無効と判断しています。

◆内山　さっき出てきた10個のうちの一つですね。

尊属殺重罰規定につぐ、二つめの違憲判決です。

◆内山　憲法のどこに違反していたのですか？

新しく薬局をつくろうとしている人の経済的な自由、「営業の自由」を侵害しているという判断です。営業の自由は憲法に明記されているわけではありませんが、22条1項に含まれているとされています。

◆内山　職業選択の自由ですね。

第22条①　何人も、公共の福祉に反しない限り、居住、移転及び職業選択の自由を有する。

そうです。職業選択の自由があっても、実際に職業を営む自由がなければ意味がないということで、22条1項に営業の自由を読み込むわけです。

というわけで、「悪い」議員さんが憲法違反の法律をつくってしまうこともあるのです。もちろん、そんな議員さんばかりではありませんが。

◆内山　議員立法にはチェックが入らないってことは、もしもめちゃくちゃな言葉づかいで法律案を提出して、それが通ったらめちゃくちゃな法律ができるってことですか。

もちろん、さっきも言ったように衆議院法制局、参議院法制局があり、近年ではほとんどの議員立法が、議院法制局の審査を受けていますし、国会には事務方の職員もたくさんいます。その人たちが審議を聞いて、明らかな間違いや矛盾に気づけば、「先生、これはちょっとまずいですよ」と議員さんに指摘するでしょう。審議が始まれば他党の議員もチェックしますから、明らかな間違いはたいてい修正されます。

難しいのは、合憲か違憲かの判断です。これは人によって判断が分かれますから、つくった議員さんは合憲だと思っていても、最高裁が違憲と判断することはありうる。

さて、これまでに出された違憲判決を見てみると、公職選挙法の定数の規定についての違憲判決が二つあります。１票の格差の問題ですね。

じつは、議員の定数配分には内閣はかかわらないという伝統があって、すべて議員立法です。これも議員立法が違憲とされた例というわけです。

それから、尊属殺の規定は明治時代の法律が残っていたものでした。このように、違憲判決が出た法律は内閣法制局が審査していないものがほとんどです。

例外的に、内閣法制局が事前審査したにもかかわらず違憲判決が出た有名なものが、在外邦人の選挙権制限に関する公職選挙法の規定です。外国に住んでいる日本人は、日本で選挙があっても比例選挙しか投票できなかったのですが、これは憲法15条の選挙権を侵害するから違憲だと最高裁が判断したのです（2005年）。

これは内閣法制局の人に聞いたのですが、違憲判決が出るとすごく悔しいらしいです。自分たちが審査して、これは大丈夫、合憲だと判断した法律案が最高裁で憲法違反になると、「忸怩(じくじ)たる思いがする」と話していました。

違憲判決の意味

内閣法制局が頑張っているおかげもあって、日本は違憲判決が非常に少ないことがわかりました。内山さんは、これでいいと思いますか？

◆内山　いいと思います。

ほう、おもしろいね。憲法学者は、みんな「違憲判決が戦後70年で10件なんて少なすぎてダメだ」と言っているのですよ。どうしていいと思うんですか？

◆内山　違憲判決が出るような法律ばっかりつくるような国会だったら、不安じゃないですか。

それはそうですけど、10件はあまりにも少なくありませんか？

◆内山　少ないです。

もっと憲法違反の法律はあるような気がするんですよね。

◆内山　でも、国民はそれを知らないから。国民の不安を煽(あお)るよりは、知らないままにしておいたほうが……。

なるほど、違憲判決がたくさん出るようになったら、法律をどこまで信じていいのかわからなくなって、不安にもなるでしょうね。

たしかに、違憲判決が多く出るようになると、まずいことも起きるのです。その話をこれからしましょう。

最近、民法の婚外子（非嫡出子）の法定相続分規定に違憲判断が出たのは知っていますか？

◆内山　知っています。事実婚の子どもが相続のときに不利になるっていう。

そうです。父親が遺書を書かずに死んだ場合に、法律婚の母親（本妻）から生まれた子どもに対して、事実婚の母親（愛人）から生まれた子どもは半分しか遺産をもらえなかったのです。最高裁はずっとこの規定を合憲だと言っていましたが、2013年９月に違憲と判断したんですよね。

でも、最高裁が違憲と判断したからといって、魔法のようにその規定が——民法の900条４号という規定ですが——なくなるわけではない。誰が消すんですか？

◆内山　国会議員です。

そう、国会で法改正をしなければいけないわけです。

ところが最高裁判所には、国会に「法改正をしろ」と命令する権限はありません。

♦内山　え？　どういうことですか。

最高裁判所は「違憲だ」と判断して終わりです。国会が「では、すぐに違憲の規定を消しましょう」と言ってくれればいいのですが、仮に「いや、違憲と言われても……」と渋った場合はどうすることもできません。最高裁は軍隊を持っていないので、実力で強制することもできない。

♦内山　じゃあ、どうするんですか？

どうすることもできないのです。国会が素直に言うことを聞いてくれるのを待つしかない。

無視された違憲判決

最初に最高裁が違憲判決を出した刑法の尊属殺の規定がありましたね。この判決が出たのは1973年です。

ところが、刑法から尊属殺を削除することに、自民党が猛反対したのです。尊属殺を重く処罰するのは日本の古きよき伝統だと考える人たちがいたからです。結局どうなったかというと、国会は何もしなかった。

♦内山　えっ。でも、六法を見たら、「削除」って。

最終的には削除されました。いつ削除されたかというと、1995年です。

♦内山　20年以上たってますね。

だから、僕が大学生の頃はまだ刑法200条は六法にありました。最高裁判所が戦後はじめて違憲審査制を使って「刑法200条は違憲だ」と言ったのに、国会は20年も無視した。こういうことが起きたのです。

もっとも、幸いなことにと言うべきか、1973年に違憲判決が出てからは、検察は刑法200条を使わないようにしました。親を殺して捕まる人がいても、刑法199条の普通の殺人罪で起訴するようにしたのです。だから、国会は違憲判決を無視したけれど、事実上は何の問題もありませんでした。

じつはアメリカにもよく似た話があります。第一次大戦と第二次大戦の間に、時のフランクリン・ルーズベルト大統領が連邦最高裁と大げんかをしたのです。

当時、世界恐慌後の不況から立ち直るために、ルーズベルトはニューディールという政策を進めていました。そして、会社や工場に制約をかける法律をつくって、労働者を守ろうとしました。これは、会社から見れば自由の制約です。

アメリカの憲法には、経済的自由（財産権）を保障すると書いてあるから、最高裁としては、このような法律は会社の自由、経営者の自由を不当に制約していると考えざるをえない。そこで連邦最高裁は、ルーズベルトが出してくる法律を、立て続けに違憲にしたわけです。

怒ったルーズベルト大統領はどうしたと思いますか？

♦内山　最高裁の裁判官はクビにはできないんですよね。

そう、できません。しかも、先ほど話したようにアメリカでは定年もない。つまり、違憲判決を出す裁判官がみんな死んでしまうまでは、思うような法律をつくれないわけです。

そこでルーズベルトは、憲法には最高裁判所の裁判官は9人とは書かれていないことに目をつけました。つまり、法律で裁判官の数を増やすことはできる。

♦内山　ああ、多数派を新しくつくればいいんですね。

そうです。自分の味方を連邦最高裁の裁判官に追加で任命して、裁判所の構成を変えようとしたのです。これを裁判所包囲計画と呼んでいるのですが、ルーズベルトはそれを本気でやりかけた。

ここでようやく、裁判所はこのままいくとまずいと気づきます。そして、考え方をころっと変えて、経済的自由については国会や大統領の考え方を尊重しますと宣言したのです。1938年のことです。表現の自由、信教の自由といった精神的な自由を制約するような法律は、厳しい基準でチェックするけれども、経済的な自由については政府や国会を尊重しましょうということです。専門的な用語では、二重の基準論というものですね。

このように、日本では尊属殺重罰規定が違憲と判断されたのに、国会に20年間も無視されたという実例がある。アメリカでは全然言うことを聞かない最高裁に業を煮やした大統領が、裁判所を包囲するところまでいきかけた。この二つの例を見て何がわかりますか？

◆内山　最高裁って、けっこう微妙なポジションだなあと。

　そうなのです。頑張って違憲判断を出せば出すほど、政治家からは敵視されます。日本みたいに言うことを聞いてくれないかもしれないし、アメリカのように法律で構成を変えられてしまうかもしれない。

　さらに日本の場合は、違憲審査制の根拠は憲法81条ですから、憲法を改正して81条を削ろうという動きになるかもしれない。そうなったら元も子もないでしょう。

　最高裁判所は違憲審査制というものすごい武器を持っていますが、それを調子に乗って振り回すと自分に刺さりかねない。歴史を振り返るとそれがわかるわけです。

　われわれ憲法学者は「もっと違憲判決を出せ」と言いがちですが、日本の最高裁がもっと違憲判決を出すようになっても、それではたしてうまくいくかどうかはわからないということです。

選挙を無効にしていいのか？

　もう一つ、違憲審査制については注意しなければならないことがあります。

　またしても１票の格差の話です。１票の格差については、学者も、弁護士さんも、マスコミも、最高裁は生ぬるいという意見が強い。もっと厳しく違憲判決を出せと言っています。違憲な選挙を無効にしろという主張も強い。1票の格差が大きい選挙で選ばれた議員は憲法違反の議員だから、選挙を無効にしろということです。

じつは、戦後の日本で国政選挙が無効とされたことはありません。最高裁が衆議院の定数規定に違憲判決を出したときも、法律のテクニックをうまく使って、「違憲だけれども、選挙は無効にしない」としています。

♦内山　もしも無効にした場合は、選挙をやり直すのでしょうか。

そうです。違憲な選挙だから無効にすべきだ、という主張をどう思いますか？

♦内山　違憲であれば、無効にしてやり直すべきだと思います。

そう考えるのが普通ですよね。1票の格差については全国で訴えが起こされていて、2013年には広島高等裁判所で選挙を無効とする判決も出ました。その後、最高裁で判決がひっくり返ったので、結局無効にはなりませんでしたが、選挙を取り消すべきだと考えた裁判官がいたことは事実です。憲法違反である以上、無効にすべきというのは筋の通った考え方です。

けれども、選挙を無効とすることには相当な注意が必要だと僕は思います。

　内閣法制局の審査は、法律ができる前の審査、事前審査でした。他方で、裁判所の違憲審査はつねに事後審査です。最高裁は、すでにできた法律について違憲かどうかを審査するのです。

　つまり、もしも、選挙を無効とする判断がなされるとしたら、それは選挙結果を見たうえでの判断となります。「今回の選挙は自民党が圧勝した、だから無効にしよう」とか、「民主党が圧勝した。だから無効にしよう」といった判断がなされるおそれはないでしょうか。

◆内山　そんなことにはならないと思いますけど……。

　僕はその点が少し心配なのです。

　選挙の取り消し方はいろいろ考えられます。たとえば、衆議院選挙全体を無効としてやり直すと大混乱が起きるから、特定のいくつかの選挙区だけを無効にすることが考えられます。裁判所が「この議員はちょっとけしからん」と思ったとき、たまたまその議員の選挙区に１票の格差の問題が生じていたら、その選挙区の選挙だけを無効にするなんてことは考えすぎでしょうか。

　さらに、こんなことも考えられます。最高裁長官は内閣が指名します。ということは、内閣総理大臣が自分の友人を最高裁長官に指名することは、憲法上何の問題もない。

　仮にＡ党の政権下で、Ａ党と仲のいい最高裁長官が就任したとします。次の総選挙で、Ｂ党が勝って政権交代が起きたとき、もしも１票の格差で訴訟が起こされたら、ちょうどいいからというので選挙無効の判決を出すことは考えられませんか。そこまでしなくても、Ｂ党の大物議員の当選だけを無効にすることだってできます。

問題なのは、このような判決が下されたとしても、憲法には歯止めがないのです。

♦内山　うーん……。

違憲審査制は諸刃の剣である

まあ、学者というのは極端なことばかり想定して、突き詰めるとこうなる、というふうに考えるものですから、実際には杞憂(きゆう)だとは思います。ただ、理論上は選挙の無効判決は要注意だということは言える。

何が言いたいかというと、違憲審査制は諸刃(もろは)の剣(つるぎ)だということです。権力による人権侵害を止めるといういい面だけではないのです。やりすぎると裁判所の立場を危うくすることもあるし、裁判官次第では民主政治を危険にさらすことになってしまう。違憲審査制はたいへん扱いが難しいものなのです。どうすればいいでしょうね。

♦内山　最高裁判所が内閣や国会の気に入らないことをしても、裁判官がクビを切られないようにする。

それは、裁判所の立場を危うくしないためにはすごく重要なことですね。憲法にも規定があります。78条の規定です。

> 第78条　裁判官は、裁判により、心身の故障のために職務を執ることができないと決定された場合を除いては、公の弾劾(だんがい)によらなければ罷免(ひめん)されない。裁判官の懲戒処分は、行政機関がこれを行ふことはできない。

内閣が最高裁判所の長官や裁判官を選ぶことができて、なおかつクビも切れるならば、最高裁はつねに内閣総理大臣の言うことを聞かなくてはならなくなります。だから、憲法では、任命権者は好きなように任命はできるけれども、好きなようにクビを切ることはできないようになっています。任命された人が内閣の顔色をうかがわなくてもいいようにしているわけです。

では、悪い人が最高裁を乗っ取ってしまった場合はどうですか。もしも最高裁の裁判官に、悪い人がたくさん任命されてしまったら。そうなっても総理大臣でさえクビを切れないんですよ。

◆内山　国民審査でクビにするしかないです。

そうなりますね。いまのところうまく機能していない、国民が使いこなすのがとても難しい制度ですが、それでも国民審査しかないのです。

すると、ここでもマスコミの役割が重要になります。もしも最高裁の裁判官に問題があれば、そのことをきちんと報道して国民に知らせなくてはいけない。

だから、繰り返しになりますが、表現の自由というのは人権論の観点からだけではなく、統治機構がうまく機能するためにも重要なのです。裁判所の違憲審査制という諸刃の剣がうまく機能するためにも、非常に重要だと言えるわけです。

うまくまとまったと思うのですが、どうでしょう。

◆内山　いいと思います。

質問はないですか？

◆内山　大丈夫です、ちゃんと理解できてます。

内山さんが優秀で助かります。では、次が最後の講義ですから、もう少し頑張りましょう。

◆内山　ありがとうございます（笑）。はい！

Natsuki's Report

国会・内閣・裁判所の民主的正統性について

●内山奈月

日本国憲法の第4章から第6章は、日本の統治機構について定めている。統治機構とは、国家を統治している国会・内閣・裁判所などのことである。これらの機関にはそれぞれ「国家権力」が与えられているのだが、「民主的正統性」はどのようにして高められているのだろうか。

民主的正統性とは、間接民主制である現在の日本の国家権力が、いかに国民の意思を反映しているかを測るものである。たとえば、「立法権」を握る国会の民主的正統性は、国会議員が国民による直接選挙により選ばれているという点から、非常に高いと言える。「行政権」を握る内閣は、国会で選ばれた内閣総理大臣が国務大臣を任命して組織され、その過半数は国会議員のなかから選ばれなければならない。内閣は、直接国民の意思により決定されているわけではないので、国会に比べて民主的正統性が低いと言える。「司法権」を握る裁判所は、内閣によって任命された裁判官により組織されている。

Natsuki's Report

つまり、裁判所の民主的正統性は、前述の二つに比してさらに低いと言える。

日本の憲法は裁判所の民主的正統性の向上を図るために、「国民審査」という非常に変わったシステムを導入している。内閣の任命した最高裁判所の裁判官が適任であるかということを、直接国民に問うものだ。しかし、最高裁判所の裁判官は頻繁に代わるうえに、国民審査では何人も同時に審査するため、国民にとって全員の裁判官を知り正確な判断をすることは非常に困難である。いままで国民審査により罷免された裁判官の例は1つもない。「国民審査」というシステムが十分に機能しているかどうかは定かではない。

また第一次世界大戦後、ヒトラーの出現などにより国会や法律に対する不安が急激に高まった。国会にも制約が必要だという意見のもとに設けられたのが「違憲審査制」である。しかし、民主的正統性の低い裁判所が民主的正統性の高い国会を審査するというのは、いかがなものだろうか。内閣が任命した裁判官による内閣の審査に、どの程度の意味があるのだろうか。違憲審査制が日本に採用されてからの約70年間で違憲判決がなされた例は10件しかない。

違憲審査制は「諸刃の剣」と言える。民主的正統性の低い裁判所が、国会に対して非常に強い力を持つということは、時に裁判所の独裁化を招きかねない。ここでも大切になってくるのが「マスコミ」の力だ。マスコミがきちんと報道することによって、国会や内閣が憲法違反をしたまま政治を進めていくのをくい止める重要な役割を果たし、また裁判所も監視できることになるのだ。

私は、日本はドイツのように「憲法裁判所」を設置する必要があるのではないかと思う。なぜなら、今のシステムではなかなか違憲判決を下すことができないからだ。最高裁判所が違憲審査も行うとなると、最高裁判所の責務や権限が増えてしまい、違憲審査に特化した判断がしづらいと思われるから、ということが理由の一つである。二つ目に、今のままのシステムでは、違憲判決が出てからも尊属殺の例のように、国会が法律の書き換えをすぐに行わないことがあり、最高裁判所の持つ力が弱すぎると思うからだ。「憲法裁判所」は、今よりも内閣から遠ざけて第三者的な位置に置くことを条件に、もっと強い力を持つべきではないだろうか。そして、国会の憲法解釈の誤りなどを徹底的に監視する必要があると思う。

調べてみよう・考えてみよう！

1）憲法38条2項には「強制、拷問若しくは脅迫による自白又は不当に長く抑留若しくは拘禁された後の自白は、これを証拠とすることができない。」とあります。この条文では「若しくは」と「又は」がどのように使い分けられているのかを考えてみましょう。さらに、地方自治法152条2項も読んでみましょう。

2）内閣提出法案ではなく議員提出法案がもとになって成立した法律には、ほかにどのようなものがあるのか調べてみましょう。また、年によって違いますが、だいたいの提出数や割合も調べてみましょう。さらに可能であれば他の国とも比較してみましょう。

3）最高裁裁判官の国民審査でバツがつく割合は非常に低いと言われています。どれくらいか調べてみましょう。

4）現在の最高裁判所の裁判官は、全員が裁判官や弁護士出身者ではありません。どのような経歴の人がなっているのか調べてみましょう。

5）憲法裁判所をつくることに賛成ですか？　反対ですか？根拠を揃えて友人と議論してみましょう。

第5講

憲法の変化と未来

☆☆☆☆☆

日本国憲法は「不磨の大典」？

内山さん、「不磨の大典」という言葉を聞いたことはありますか？

♦内山　フマのタイテン……？　はじめて聞きました。

「磨」は研磨剤の磨ですよね。不磨というのはすり減ったりしないということ。つまり変わらないということです。

じつは、この「不磨の大典」という言葉は大日本帝国憲法を指します。すり減らず、長持ちするとても大切な法であるという意味です。明治天皇の憲法発布勅語に登場します。

日本国憲法は1946年につくられて、1947年から施行されています。つまり、もう70年近い歴史を持っている。でも、一度も改正されていません。つまり、日本国憲法こそが「不磨の大典」になっていると言えます。そしてこれはおかしいのではないか、という人が少なくありません。

というわけで最後の講義は、最近話題になっている憲法改正の話から始めたいと思います。

まず内山さんに聞きたいのですが、70年もたっているのに一度も憲法が改正されていないのはおかしい、という考え方について、どう思いますか？

♦内山　他の国ではもっと改正しているんですか？

いい質問です。たしかに他の国を見ると、アメリカも憲法を改正しているし、ドイツ、フランス、韓国、イタリア……まあ、ほとんどの国が憲法を改正しています。

前の講義で、韓国が違憲審査制を始めたという話をしたでしょう。韓国はそのとき憲法を改正して、違憲審査ができるようにしたのです。

日本が憲法を改正していない理由として、日本国憲法は改正が難しすぎるからだと言われることがあります。憲法の改正には、各議院の総議員の３分の２以上の賛成が必要であるだけでなく、さらに国民投票で過半数の賛成が必要となります。出席議員の過半数が賛成すれば可決される法律に比べて、改正手続きが厳格になっているのです。こういう憲法を何と言うんでしたっけ？

◆内山　硬性憲法です。

そう、現代の憲法は、ほぼすべて硬性憲法だと言っていいでしょう。そのなかでも、日本の憲法は「硬性憲法中の硬性憲法」だと言われることがあります。

◆内山　すごく硬いってことですか。

ほとんどの国が憲法を改正するなかで、日本だけがまるで「不磨の大典」であるかのように、一度も憲法を改正していないのはたしかです。

◆内山　でも、あんまり簡単に憲法が改正されたら、国会の第一党が代わるたびに憲法がコロコロかわってしまって、政治が不安定になります。だから、これくらいでちょうどいいと思います。

そのとおりなんですよ。憲法は国家権力を縛るものだから、国家権力にとってはもともと邪魔なものです。何かやろうとしたときに足を引っ張るわけですから、「こんなものないほうがいい」と権力者は思っている。だからこそ簡単に変えられてしまっては困るのです。改正しにくくなっているのは当然です。

Natsuki's Note

『不磨の大典』

《憲法の変え方》

① 改正手続（96条）
- 各議院総議員の2/3以上
- 国民投票で過半数

→ 硬性憲法

ちなみに法律では出席議員の過半数でOK

最大の課題は憲法９条

でも、日本だけが一度も改正していないというのは、ちょっとおかしくないですか？

◆内山　たしかに時代の流れは変わっていくと思うし、「こういう解釈もあるよね」っていう議論をするよりは、解釈が一つしかない憲法に直したほうがいいと思います。

なるほど、解釈にゆれがあって議論がまとまらないような条文については、一義的な解釈が可能なものに改めるべきだと。どんな条文に解釈の問題がありそうですか。

◆内山　憲法９条。

やっぱりそうですよね。日本国憲法のいちばんの課題は９条です。憲法を改正すべきと考える人も、憲法改正をするべきではないと考えている人も、９条の問題を何とかしなくてはいけないと考えていると思います。

では、９条のどこが解釈上、問題となっているかわかりますか？

◆内山　日本は戦力を持たないと言っているところです。

> 第９条①　日本国民は、正義と秩序を基調とする国際平和を誠実に希求し、国権の発動たる戦争と、武力による威嚇（いかく）又は武力の行使は、国際紛争を解決する手段としては、永久にこれを放棄する。
>
> ②　前項の目的を達するため、陸海空軍その他の戦力は、これを保持しない。国の交戦権は、これを認めない。

♦内山　２項に「陸海空軍その他の戦力は、これを保持しない」と書いてあります。

戦力不保持を定めた９条２項が問題だと。そのとおりですね。

戦争放棄のことが記されている９条の１項については大きな争いはありません。改憲派の人でも、９条１項を変えましょうと言っている人はほとんどいない。

じつは、戦争放棄ということは、世界中の多くの憲法に書いてあることなのです。

♦内山　え、そうなんですか。

いちばん古いのは、1791年のフランスの憲法です。フランス革命後にできた、フランス史上最初の憲法ですが、そこにはフランス国民は侵略戦争を放棄すると書いてありました。この頃からヨーロッパの国々は、侵略戦争はもうしないと憲法や国際法で約束してきたのです。

ところが、侵略戦争はしないという国ばかりが集まっているにもかかわらず、ヨーロッパは戦争を繰り返してきました。そして第一次大戦、第二次大戦が起きた。じつは戦前の日本も侵略戦争を放棄していたんですよ。憲法ではなく、1928年にパリ不戦条約という条約を締結して決めたことですが、そんな日本も戦争をしてしまいました。

そういうことがあったので、平和を実現するためには侵略戦争を放棄するだけでは不十分ではないか、と戦後考えられるようになったわけです。吉田茂という首相を知っていますか？

♦内山　はい、知ってます。日本国憲法ができたときの首相ですよね。

　その吉田茂首相が、日本国憲法をつくるときの議会で、こんな答弁をしています。「近年の戦争は多く自衛権の名において戦われた」。
　つまり、自衛のためという名目で戦争は始まる。第二次世界大戦の日本もそうです。どの国も、いろいろな理由をつけて、自分の国を守るためと称して戦争する。だから吉田首相は「いかなる名義をもってしても交戦権は放棄する」とか、「自衛戦争は正当だとする考え方はよくない」などと言って、自衛のための戦争も放棄するべきとも取れるような答弁をしています。
　ところが吉田自身は、その１週間後に答弁を修正していますし、その２カ月後、吉田内閣の統一見解というものが貴族院で出され、９条１項では自衛戦争は禁止されず侵略戦争のみが禁止されている、しかし２項で戦力不保持とされているから、結果として日本は一切戦争ができない、という説明になりました（1946年9月）。

当然の１項、異常な２項？

結局のところ、９条１項の戦争放棄というのは、世界史の流れからすると侵略戦争を放棄しただけで、自衛のための戦争は放棄していないというのが、日本政府のその後の考え方です。この解釈は、憲法制定後現在に至るまで変わらず、自衛のための戦争は（９条１項の解釈としては）日本もできると言っています。これを限定放棄説といいます。

他方、憲法学者の解釈は必ずしもそうではない。先ほど内山さんが言ってくれたように、解釈が一義的に決まらないというよい例ですが、９条１項では自衛戦争も含めて戦争はすべて放棄したと考える学者もたくさんいます。これを全面放棄説といいます。

もしも政府見解のように、１項が侵略戦争だけを放棄しているのであれば、ヨーロッパの18～19世紀の憲法と同じです。とくに何も新しい内容はないのです。

では、日本国憲法の特殊なところ、悪く言うと異常なところはどこか。それが９条２項ということになります。

この戦力不保持規定は、ほかの国にはまずありません。少なくとも大きな国で戦力不保持規定を持っているのは日本だけです。だから問題になるわけです。

先ほど、日本政府は９条１項で限定放棄説をとっていると言いました。つまり、日本は自衛戦争を放棄していません。ところが、２項では戦力不保持と書いてある。そうすると、おかしなことになりませんか？

◆内山　自衛戦争をするための戦力はどうなるのかってことですか？

やはり、そう考えますよね。ここから先はちょっと込み入った論理の話になるので、注意して聞いてください。
９条２項には、「前項の目的を達するため」と書いてあるでしょう。これは少し謎めいた言い方で、芦田均（あしだひとし）という、後に首相にもなる政治家が憲法の草案につけ加えたものです。戦後、帝国議会の衆議院で新憲法について審議しているときに、突如芦田さんが「９条２項に『前項の目的を達するため』と入れましょう」と言い出したのです。

◆内山　どうしてですか？

当時は他の議員さんたちも、どういう意味があるのかよくわからなかったそうです。けれども、結局この文言は２項につけ加えられました。
ここであらためて２項の条文を見てみましょう。
「前項の目的を達するため、陸海空軍その他の戦力は、これを保持しない」。前項というのは９条１項のことです。９条１項の目的が限定放棄だとすると、限定放棄を実現するために戦力を持たない、と読める。
さらに、戦力にも２種類あって、自衛のための戦力と侵略のための戦力に分けることができるとすると、「前項の目的を達するため」には侵略のための戦力だけを不保持とすればいい。つまり自衛のための戦力は禁止されていないと。こういう解釈が成り立つ可能性が出てきます。これを限定不保持説といいます。わかりますか？

♦内山　わかります。芦田さんは、そこまで考えていたんですか？

鋭いですね。本人はそのときはそんなことは言いませんでした。ところが後に、「じつは自分はそこまで考えて修正をしたんだ、だから自衛戦力は持てる」と言っています。しかし、それは後から思いついた理屈ではないかという人もいます。実際のところ、芦田均が何を考えていたのかはわからないのです。

このように、１項の目的が侵略戦争の放棄、限定放棄だと理解して、２項はそのための戦力不保持と言っていると理解すれば、侵略戦争の手段となる戦力だけを不保持とした、ということになります（限定放棄説＋限定不保持説）。

政府解釈はひねくれている

ところが、論理の道筋は必ずしも一つだけではありません。

９条１項の解釈で限定放棄説をとって、侵略戦争だけを放棄しているとしても、侵略戦争を本気で放棄するなら、いっさいの戦力を持たないほうがいいという考え方も成り立つでしょう。

つまり、１項で限定放棄説をとるとしても、２項の解釈で全面放棄説をとることは可能なのです。

こういう論理的な可能性を踏まえて、では日本政府はどんな見解をとっているか。先ほども言ったように、政府は９条１項では限定放棄説です。だから２項では限定不保持説になるのかと思いきや、じつは日本政府は全面不保持説をとっています（限定放棄説＋全面不保持説）。

◆内山　あの、質問が。

どうぞ。

◆内山　その政府の見解というのは、いまの第一党の解釈っていうことですか。

いえ、戦後から一貫した日本政府の見解です。どの政権でもずっとこの解釈です。

◆内山　その解釈は変更してもいいんですか。

なるほど。「解釈改憲」の話ですね。その話は後でしましょう。

話を戻すと、日本政府は戦後ずっと、吉田首相が一瞬、憲法制定前に全面放棄説のような答弁をしたのを除けば、限定放棄説かつ全面不保持説をとっています。

だから、全面的に戦力を持たないという意味で９条２項を理解することになります。でも、戦力をいっさい持たないのであれば、放棄していない自衛戦争もできなくなります。日本政府もそのように解釈しています。

結局、戦争ができなくなるのであれば、1項の解釈でも全面放棄説を取ればすっきりしそうなものですが、日本政府はあえてこういう素直じゃない解釈をしているのです。

じつは、後に憲法改正をすることになったときのミソがここです。もしも今後、日本が国防軍を持とうとすれば憲法を改正しなければなりません。国防軍は戦力だからです。そのときに、9条1項は自衛戦争を放棄したわけではないのでそのまま残して、2項だけを変えればいいと。これが日本政府の考え方なのですね。

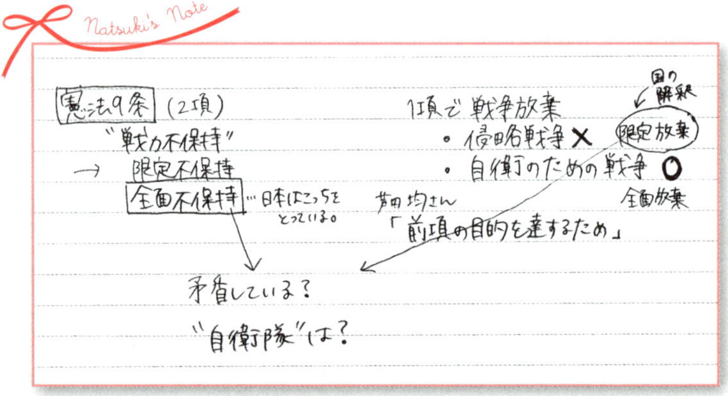

自衛隊は「戦力」ではない

でも、いまの日本には誰がどう見ても軍隊に見える組織がありますよね。自衛隊です。これは憲法9条2項違反ではないのか。内山さんはどう思いますか？

◆内山　自衛隊が武器を持ったら戦力ですけど、災害救助のために物資を運んだりするのは憲法違反ではないと思います。

たしかに、自衛隊の救助活動については、みんな歓迎していますね。大きな災害が起きたら、みんな自衛隊に来てもらいたいはずです。

けれども、そうした救助活動とは別に、自衛隊という存在が戦力なのかどうかは、やはり議論しなければなりません。

憲法学者の多くが自衛隊を違憲と考えてきました。自衛隊は９条２項の「戦力」だという考え方です。

他方、政府はもちろん自分たちがやることを違憲と言うはずがないので、自衛隊は合憲という考えです。でも、政府は２項の解釈では全面不保持説でした。全面不保持説からどうやって自衛隊は合憲だという結論を導けるのか。

◆内山　……。「戦力」の意味によると思います。

そう、これは戦力の定義の話なのです。憲法には戦力を持たないと書いてある。だからまずは「戦力」とは何かを明らかにする必要があります。

憲法に限らず、法の解釈では言葉の定義が重要です。「○○をしてはならない」と書いてあったとすると、その「○○」の指していることがわからなければ、あるいは人によって

「○○」の解釈がバラバラだったら、何をしていいか、何をしてはいけないかがわからなくなります。だから、法解釈では必ずきちんとした定義が必要になるのです。

では、「戦力」をどう定義するか。９条１項、２項の解釈と同じように、さまざまな定義がありえますが、日本政府は戦力とは「自衛のための必要最小限度の実力を超えるもの」と言っています。

Natsuki's Note

では"戦力"とは？
→ 自衛のための必要最小限度の実力を超えるもの。

♦内山　それはどこで言っているんですか？

国会で、歴代の内閣が言っています。内閣が代わるたびにコロコロと定義が変わったのでは政治が安定しなくて困るでしょう。昨日の内閣は自衛隊は合憲と言っていたのに、今日の内閣は自衛隊は違憲だと言ったら、めちゃくちゃなことになりますから。

もちろん、解釈を変えることはあってもいい。けれども、基本的には昔からの解釈をできるだけ維持する。憲法の解釈は、その意味で保守的でなければならないのです。

◆内山　最小限度の実力かどうかはどうやって決めるんですか？

数量的にはっきりと決めるのは難しいでしょうね。国防費がいくらを超えたらアウトとか、戦車が何台を超えたらアウトだとか、数字で線を引くことはできません。「必要最小限度の実力」というのは非常に幅のある言い方です。
ただし、たとえば地球の裏側まで届くようなミサイルは持ってはいけないと言えますし、非常に攻撃的な武器はダメだとも言える。「自衛のための必要最小限度の実力」という定義によって、現に自衛隊の装備にはいろいろな歯止めがかかっているわけです。
そして、そもそも「自衛のために必要かつ最小」ですから、実際に日本が自衛権を発動するためには、日本が攻撃されていることが必要とされ、また反撃の程度も必要最小限でなければならないなど、自衛権行使のための厳しい条件もこの解釈から出てきます。これはとても重要な歯止めです。

集団的自衛権とは何か？

こうした歯止めのなかで、きわめて重要なものがあります。それが最近問題になっている集団的自衛権の問題です。
集団的自衛権の意味は言えますか？

◆内山　言えないです。

自衛権というのはわかりますよね。

◆内山　はい。自分を守る権利です。

人間は自然権として必ず自衛権を持っています。だから刑法でも、刺されそうになったら相手を殺してしまっても罪にならないことがある。正当防衛です。

そして人間と同じように、国家にも自衛権があると多くの人は考えています。

これは日本国憲法でも否定されていませんでしたよね。

◆内山　9条1項は自衛戦争を放棄していないというのが政府の考え方でした。

そう、戦争の限定放棄説は国家の自衛権という考え方にもとづいているわけです。

このような国家の自衛権は、「個別的な自衛権」と呼ばれています。つまり、自国が攻められたときに自分で相手に反撃する権利です。

他方、集団的自衛権というのは、自分の国が攻められていなくても、他国のために反撃していいというものです。

いちばんわかりやすいのがアメリカとの関係です。日本とアメリカは同盟国だということは知っているでしょう。

◆内山　日米安全保障条約。

日米安保条約によって、日本はアメリカと同盟関係にあるわけですね。そのアメリカが他の国に攻められたときに、日本はアメリカの同盟国として、アメリカを攻撃している国に反撃する。これが集団的自衛権で、それをいま容認すべきだと政府は考えているのです。

ところが、日本政府の解釈では、９条２項の「戦力」は「自衛のための必要最小限度の実力を超えるもの」と定義されている。だから、当然のことながら他国を守るための実力は持てないことになっています。つまり、集団的自衛権を認めることはできない。それを認めようとしているから、いま大問題になっているわけです。

じつは、この集団的自衛権が問題になったのは今回がはじめてではありません。安倍首相のおじいさんは誰か知っていますか？

◆内山　えっと……おじいさんも総理大臣でしたよね。

岸信介（きしのぶすけ）首相ですね。1951年に結ばれた日米安保条約を、1960年に改定したのがこの人です。

安保改定をめぐって国会が紛糾（ふんきゅう）していた当時、「今後、９条２項の解釈とからんで集団的自衛権が問題になるのでは」と考えた国会議員たちは、岸首相に対して国会で何度も質問しました。岸首相は繰り返し、「自衛のための必要最小限度の実力だから、個別的自衛権はもちろん持つ。けれども、アメリカのために戦うなどということは憲法上認められない」と懸命に訴えたわけです。

その集団的自衛権が、いま再び問題になっているのです。

憲法改正と憲法変遷

いまの安倍政権は、これまで認めてこなかった集団的自衛権を認めようとしています。とはいえ、憲法を改正しようとは言っていないですよね。

♦内山　憲法の解釈を変えようとしている？

そうなのです。憲法を変えるためには、96条の手続きを踏んで憲法を改正するという方法がありますね。それとは別に、「解釈改憲」という言葉は知っていますか？

♦内山　ニュースで聞いたことはあります。

僕は「解釈改憲」という言葉はあまりいい言葉ではないと思っているのですが、一般的にはよく使われますね。憲法の解釈が変われば、つまり条文の意味するところが変われば、改憲と実質的には同じであるということです。専門用語では「憲法変遷（へんせん）」といったりもします。

さて、いま問題になっているのは、集団的自衛権の行使が日本に認められるかということです。

安倍首相ははっきりと集団的自衛権を認めたいと言っています。なぜ集団的自衛権を認めたいのかというと、同盟国であるアメリカのためです。アメリカがどこかの国と戦争になったとき、日本は同盟国としてアメリカを応援できないのか、という話ですね。

おそらく、念頭に置かれているのは、アメリカと北朝鮮が戦争を始めたときでしょう。現在、北朝鮮の大陸間弾道ミサイルはアメリカのハワイ、あるいはアラスカや西海岸に届くと言われています。北朝鮮のミサイルが発射されたとき、そのミサイルを日本政府は撃ち落とすことができるのか。これがもっとも現実的な問題と捉えられています。

日本の上空を北朝鮮のミサイルが大事な同盟国に向かって飛んでいくのに、日本政府が何もしないことが許されるのか、というのが集団的自衛権を認めようという立場の人たちの主張です。

けれども、従来の日本政府の９条２項の解釈では、北朝鮮のミサイルを撃ち落とすことはできないのです。なぜできないのですか？

◆内山　ミサイルは日本に向かってきているわけではないので……他の国に向かっているミサイルを撃ち落とす装備は、「自衛のための必要最小限度の実力」とは言えないから。

そうです。「自衛のための必要最小限度の実力を超えるもの」、つまり「戦力」になってしまうのです。「自衛のための必要最小限度の実力」を行使するためには、日本が現実に攻撃されていることが必要です。そうでなければその実力を使うことはできない。だから、違う国へ飛んでいくミサイルには、申し訳ないけれども日本は知らん顔せざるをえない。これは致し方ないというのが、いままでの政府の解釈でした。

とはいえ、仮にアメリカが攻撃されたとしても、アメリカは自分で守れるでしょうし、日本の技術では、アメリカに飛んでいくミサイルは撃ち落とせないと言われていますので、これはあまり実益のない想定問答と言えるかもしれません。

話をもとに戻すと、逆に言えば、いままでの９条２項の解釈を変えれば、憲法自体を改正しなくても、集団的自衛権を認めることが可能になります。たとえば、「戦力」の定義を「自衛のための必要最小限度の実力を超えるもの」から「自衛及び自国と密接な関係にある他国の防衛（＝他衛）のための必要最小限度の実力を超えるもの」にする。こうすれば、憲法の条文を変更しなくても集団的自衛権は認められる、というのが安倍首相の考え方ですね。

♦内山　すごくつまらない質問をしてもいいですか。

どうぞ。

♦内山　アメリカと仲よくやっていかないと、日本の平和は守れないわけじゃないですか。

まあ、そうですね。

♦内山　だから、そういう意味で、アメリカを守ることも日本にとっては「自衛」であるとは言えないんですか？

……うーん、うなりますね。鋭い。たしかにそういう理屈も考えられます。アメリカが危うくなれば日本も危うい。だからアメリカを守ることは日本を守ること、すなわち「他衛」は「自衛」である。そう考えれば、憲法の条文を変えないだけでなく、９条２項の解釈さえ大きく変えずに、アメリカに飛んでいくミサイルを撃ち落とすことができるようになるかもしれません。もしかすると、自民党のなかにはそういう考え方をしている人がいるかもしれませんよ。内山さんは政治家になったほうがいいかもしれないですね（笑）。

ただ、そうやって「自衛」の概念を拡大することは危険なことでもあります。日本が太平洋戦争に突入したときのことを思い出してください。日本はアメリカやイギリスに経済封鎖されて、石油が輸入できなくなってしまいました。日本はこのままだと滅びてしまう、だから自衛のためにアメリカとイギリスに戦争を仕掛けなければならないという理屈になったのです。このような歴史の苦い経験を踏まえると、やはりどこまでを自衛とするかは、いちばん明確な「自国が直接攻撃されたとき」に限定しておかないと危ないと言えます。

集団的自衛権の何が問題か？

話を戻すと、安倍首相は憲法９条２項の解釈を変えることで集団的自衛権を認めようとしています。この方針に対しては、賛成意見も反対意見も多くあります。先にそれを整理しておきましょう。

じつは集団的自衛権に賛成している人でも、安倍首相がやろうとしている「解釈改憲」には反対という人がいます。

そもそも集団的自衛権の行使を容認すべきかどうかという論点には、二つのレベルの問題があります。まず、日本が集団的自衛権を行使することに賛成か反対かというレベル。もう一つは、日本が集団的自衛権を行使することに賛成したうえで、それを憲法改正でやるべきか、解釈変更でやるべきかというレベルです。

ということは、安倍首相に反対する立場も二通り考えられるでしょう。

♦内山　集団的自衛権そのものに反対という人と、集団的自衛権には賛成だけれども、「解釈改憲」でそれを認めるのには反対という人。

そうです。だから筋金入りの改憲派と言われるような人たち、つまり日本は憲法を改正して、国防軍を持つ「普通の国」になるべきだと言っているような人たちのなかにも、安倍首相の方針に反対している人がいます。

では、なぜ安倍首相は多くの反対があるにもかかわらず、憲法改正ではなく、「解釈改憲」をしようとしているのだと思いますか？

♦内山　一刻も早く集団的自衛権を行使したいから。

なるほど、急いでいるというのは一つの理由でしょうね。どうして「解釈改憲」のほうが早いのですか。

◆内山　両議院を通すのはなかなか難しくて時間もかかるし、国民投票にも時間がかかります。

かかるでしょうね。でも、時間だけの問題かな。

◆内山　あ、改正案を通すのは無理ってことですか？

無理かどうかはわかりません。でも、絶対にできるとも言えないでしょう。
国会では、自民党と公明党、そこに維新の会やみんなの党などの議員を加えれば何とか総議員の３分の２は押さえられそうです。国民投票の過半数も、世論調査の結果を見れば大丈夫かもしれない。でも、確実ではありません。せいぜい「できそうだ」としか言えないのです。

◆内山　なるほど。解釈を変えるだけなら確実です。

そう、簡単なのです。憲法の政府解釈を変える手続は簡単です。閣議決定をして、内閣総理大臣が国会で「このように解釈することにします」と言えばいいのですから[1]。憲法を改正するよりも「解釈改憲」のほうが早いし、簡単だし、確実なのです。

1　ただし、そのような手続きが法定されているわけではない。

「解釈改憲」には重すぎる問題

◆内山　政府解釈には、そんなにすごい権威があるのですか？

もちろん、政府の解釈が、あとで最高裁によって「間違っている」と言われることはありえます。前の講義で、公職選挙法の在外邦人の選挙権制限規定が違憲とされた例を挙げましたね。あれはまさに、政府の憲法解釈にもとづいて「この法案は合憲だ」と判断したのに、あとで最高裁判所から違憲だと言われた例です。

ただ、少なくとも最高裁が判決を出すまでの間は、政府は自らの憲法解釈を基準に行動しなければなりません。いちいち裁判所に聞くわけにはいきませんから。

しかも最高裁は、９条の解釈については判断しない傾向があります。

民事訴訟なら損害賠償を認める／認めない、刑事訴訟なら有罪／無罪という判断は当然しますが、そのときに憲法９条と自衛隊との関係という問題には踏み込まないのです。

ともかく最高裁の判断が出るまでは、政府は政府の解釈で動く。そうせざるをえない。やはり「解釈改憲」がいちばん簡単で確実ということになります。

◆内山　先生は、安倍首相がやろうとしている「解釈改憲」についてはどう思われますか？

僕は、「解釈改憲」はよくないと考えていますし、論文などでも反対を表明しています。だから、僕が集団的自衛権に反対意見を述べていると思う人もいるのですが、必ずしもそうではない。

たしかに僕自身は日本が戦争に巻き込まれないほうがいいと思うので、集団的自衛権を認めることには現時点では消極的です。でも、先ほど言った問題の二つのレベルでいうと、日本が集団的自衛権を認めることに賛成か反対かについては、僕はこれまで立場を明らかにしてきませんでした。

◆内山　じゃあ、「解釈改憲」というやり方に反対ってことですか。

そうですね。解釈で変えるのはいけないと考えています。

なぜかというと、解釈だからもちろん変えることはあってもいい。最高裁だって、それまでは合憲だと言っていた尊属殺を、1973年に違憲としました。これは解釈を変えたわけですね。

ただ、昨日まで集団的自衛権は認めないという解釈だったのに、今日からは集団的自衛権を認めるというのは180度の転換です。しかも、９条の解釈、集団的自衛権の是非はとても重要な問題です。解釈で変えるにはあまりにも重大すぎる問題だと思うのです。

集団的自衛権の是非は、日本が今後はアメリカと一緒に戦争をするかもしれないという大きな選択です。日本が国際社会において相応の責任を果たすために、他国と同じように戦争ができる国になるべきだという考え方はありうるでしょう。ここはやはり、議員さんにしっかり議論してもらって、国民の判断を仰ぐべきだと思うのです。つまり、集団的自衛権を認めるのなら、憲法改正によるべきです。もしも解釈変更がこれほど重要な問題で許されるなら、悪しき前例になりかねないと思います。

◆内山　他の問題でもどんどん「解釈改憲」を許してしまう？

そうなるかもしれません。

首相ひとりで「変える」ことの意味

憲法の１条から103条までのすべてについて、最高裁が解釈の是非を判断するわけではありません。ほとんどの条文、とくに統治機構の条文については、政府がきちんと解釈をしてきたのです。つまり、仮に憲法訴訟になって最高裁が判断することになっても合憲とされるような解釈をしてきたわけです。そうした政府解釈の中心的な役割を務めてきたのが内閣法制局です。こうして積み上げられた、相互に矛盾しない、人権侵害につながらない解釈というものがあるわけです。その一つが、集団的自衛権は認めないという９条２項の解釈でした。

それを安倍首相が変えようとしているわけです。

◆内山　その解釈の変更は、閣議決定されるのですか。

そう首相は言っています。ところで、いまの安倍内閣は連立政権ですよね。

♦内山　はい。自民党と公明党。

公明党は集団的自衛権の行使には反対のようです。

だから閣議決定のときに、公明党出身の閣僚が反対する可能性はあります。けれども安倍首相にとっては痛くもかゆくもない。

♦内山　反対する閣僚は罷免すればいい。

そう、任意に罷免できる。憲法改正と違って、解釈変更には国会の賛成も、もちろん国民投票もいらない。それどころか閣僚の合意さえ実質的にはいらない。非常に簡単にできてしまう。

何度も言うように、憲法は国家権力を縛るものです。もしも内閣総理大臣の一存で「解釈改憲」ができてしまうなら、憲法の拘束力はなくなってしまうでしょう。

♦内山　大問題になりますか？

大問題だと思いますね。でも、この本が出る頃にはもう閣議決定をしてしまっているかもしれません。

♦内山　もしも集団的自衛権が認められたら、大変なことになりますか？

　おそらく、いきなり戦争になるというような大変さはないでしょう。
　でも、武力の行使を禁じた９条の意味がなくなる、ひいては憲法の制約力がなくなるというのは大変なことです。
　じつはこの問題の重大さは意外と気づかれていません。安倍首相に反対する人たちは、集団的自衛権に反対しているのだと思われがちです。

◆内山　そう思っていました。

　もちろん、そういう議論をしている人もいます。それはそれで重要なのですが、憲法学の観点から見れば、これまで国家権力ができなかったことを解釈でできるようにすることは非常に危ない。国家権力を縛る憲法を、国民の判断を経ずに弱めることになるからです。
　おそらくこの点は、改憲派の憲法学者であっても同じ意見でしょう。

日本国憲法は「押しつけ憲法」か？

◆内山　安倍さんは、どうして憲法の解釈を変えようとしているんですか？

　それは安倍首相に聞かないとわからないですね。ただ、安倍首相が書いたものやその発言などから想像すると、日米安保条約でアメリカは日本が攻められたら守ってくれることになっている、ところがアメリカが攻められても日本は助けに行けない、日本は同盟国が攻められるのを傍観しているだけでいいのか、それではダメなんじゃないか、と考えているようですね。

♦内山　先生の話を聞いていると、けっこうギリギリのことをやろうとしてるのかなって。

まあ、そうですね。

もう一つ、安倍首相が言っているのは、「日本が集団的自衛権を持ってアメリカを助けられるようになると、アメリカに対して対等にものが言えるようになる」ということです。

この言い方は示唆(しさ)的で、日本の保守思想のなかにはアメリカに言いたいことが言えていない、という思いが戦後一貫してあるのです。戦争に負けて占領されて、アメリカに憲法を押しつけられたという被害者意識がずっとある。だから安倍首相は、何とかアメリカと対等になりたいと思っている可能性がありますね。

♦内山　なるほど。

ちょうど話が出たので、「押しつけ憲法論」についても話しておきましょう。

ご存じのとおり、日本は戦争に負けて、連合軍に占領されました。やってきたＧＨＱの人たちが憲法の原案をつくって、日本政府に「これをもとに日本の憲法をつくれ」と言いました。

このときＧＨＱは、かなりきつく政府を脅しています。「この草案のとおりに憲法をつくらなければ、天皇の命はない」とまでほのめかしている。

ところが、アメリカは日本を詳しく研究していたので、日本人が戦争に負けてもなお、昭和天皇のことを敬(うやま)っていることを知っていました。もしも日本と戦った一部の国が望んだように昭和天皇を死刑にしたら、日本国民は大暴動を起こすだろう。だから、そこは何とか穏便にすませたいと考えました。

そのためには、日本は平和な国に変わるということを世界中に納得させる必要がある。そこで憲法草案に９条を書いて、戦力不保持というどこの国にもない文言を盛り込んだ。

さすがに当時の日本政府もびっくりしましたが、受け入れなければ昭和天皇の命を守れないので、泣く泣くＧＨＱの要求を呑(の)んで日本国憲法ができたという経緯があります。

だから、占領軍に押しつけられた憲法だということは、歴史を学んだ人であれば誰もが知っていることです。また、「この押しつけ憲法を何とかしよう」という改憲派の考えも、ここから出てくるわけです。

憲法とは押しつけられるもの

しかし、そもそも押しつけ憲法はいけないものなのでしょうか。

憲法とは、時の権力者に「この憲法に従って行動しろ」と命令するものです。たしかに、日本の憲法は、日本国民が日本の国家権力に押しつけたものではなく、アメリカが日本の国家権力に押しつけたものです。その点は非常につらいところがあるけれども、日本の政府に押しつけられたということは別に悪いことではない。

憲法である以上は、国家権力が押しつけられるものであるのは当然だからです。

♦内山　日本国民が押しつけたわけじゃない、ってことは問題ではないんですか？

もちろん問題はあります。「国民主権の憲法である以上、国民投票をして、この憲法でいいのかどうかを確認するべきだった」という主張もあります。たしかに、日本国憲法ができてから一度もそういう国民投票は行われていません。

ところがよく考えてみると、日本国民は、いまの憲法でいいのかどうかについては、何回か意見を表明しているのです。

民主党の鳩山由紀夫元首相は知っていますね。あの人のおじいさんで鳩山一郎という首相がいました。この人は日本国憲法が嫌いで、憲法を改正しようとしました。また、安倍さんのおじいさんである岸信介さんもそうです。

1950年代の話ですが、鳩山首相や岸首相はそれぞれ、憲法改正を公約に掲げて選挙を戦い、いずれも３分の２を得られなかった。そのぶん、憲法改正反対を公約にした社会党が単独で３分の１を超えたこともあります。つまり、憲法改正が争点となった選挙では、国民が３分の２の多数を改憲派に与えなかったわけです。

さらに、さかのぼって考えてみると、そもそも日本はＧＨＱのつくった草案をそのまま受け入れたわけでもない。その後、帝国議会で議論をし、ＧＨＱとの厳しい折衝を経て、重要な修正を施したうえで可決しています。芦田均は９条２項にきわめて重要な文言をつけ加えていましたね。百パーセント made in USA というわけではけっしてありません。

さらに大事なことは、戦後70年間、日本国憲法にもとづいてすべての法律が運用され、お巡りさんから総理大臣まで、日本の国家が動いてきているということです。

たしかに、日本国憲法は一点の曇りもなく完璧な憲法とは言えません。草案を外国人に書かれたのが気に食わないという気持ちもわかります。けれども、それで70年やってきたのだから別にいいのではないか。

大事なことは、憲法が根づいていること。そして国民の多くがその憲法を受け入れていること。そして、その憲法に従って国家が一定程度安定的に運営されてきたということ。憲法の価値がこれらのことで決まるとすれば、極端に言ってしまうと、誰が草案をつくったとしてもいいのではないか。70年も生きてきて、いまさら生みの親がどうのこうのと言われても、と思いますね。

もちろん、いまのこの憲法に実質的に悪いところ、不備があれば、それこそ国民の判断を仰いで、どんどん変えていけばいいのです。

Natsuki's Note

『押しつけ憲法』とは？
"憲法の価値"
→ 根付いているか？ 安定しているか？ 運用してきたか？
→ 決して、草案の価値ではない!!!

憲法を変えることを考える前に

◆内山　実際に憲法のなかには変えたほうがいい条文があるんですか？

変えられるなら変えたほうがいい、というところはあります。

◆内山　たとえば？

たとえば、僕は必ずしも賛成していませんが、ちょっと参議院の力が強すぎるのではないか、と言う人がいます。ねじれ国会になったときに政治が進まなくなってしまいます。日本国憲法でも衆議院の優越は定められていますが、二院制の場合、普通は衆議院にもっと強い力が与えられていることが多いのです。

それから、選挙の仕組みです。やはり選挙制度については、公職選挙法、つまり国会議員がつくる法律に任せるのではなくて、憲法レベルで何か規定をつくったほうがいいかもしれません。国会議員自身に仕組みづくりを任せておくと、国会議員を選ぶ制度の改革はなかなか進まないという話はしましたね。
　あとは、首相公選制って聞いたことありますか？

♦内山　総理大臣を国民が選ぶんですよね。

　いまの総理大臣は国会議員が選ぶので、国民から見て間接的な正統性しか持っていません。それをやめて、国民が選挙で直接選ぶようにするのです。

♦内山　それはよくないって学校の授業で学びました。

　あなたは本当にいい先生に習っていますね（笑）。たしかに、首相公選制は成功した例がないのです。

♦内山　首相公選は人気投票みたいになって、政治が安定しなくなると教わりました。

　たしかに、国民投票で直接選ばれた首相は、国会での冷静な議論をすっ飛ばして、国民の支持を背景に突っ走ってしまいがちです。すると、独裁政権が生まれやすい。南米の国々で実際に起きたことです。
　先進国で首相のような行政権のトップの公選制がうまくいっているのは、アメリカの大統領制だけだと言っていいでしょうね。
　あとは、天皇の制度や裁判制度などにも改善の余地があるかもしれません。

このように、憲法改正の可能性はいくつか考えられます。

ただ、憲法を変えなければできないことって、じつはそれほど多くはないんですよ。

憲法は国家権力を縛るものだから、国民の権利を増やしたいときには、そもそも憲法は邪魔にならない。逆に国民の義務を増やしたいときには？

♦内山　法律をつくればいい。

そうです。

どのような国のあり方を目指すにしても、最初に憲法を変えることを考える必要はないのです。憲法を変えずにできることはたくさんある。憲法は簡単に変えてはいけないということと同時に、じつは急いで変えなくても大丈夫なものだということは知っておくといいでしょう。

このあたりで、憲法の特別講義は終わりにしようと思いますが、いかがでしたか？

♦内山　ありがとうございました！　５回の講義でかなり憲法のイメージが変わりました。

内山さんの呑み込みが早いので助かりました。内山さんの公民の先生には感謝しないといけませんね。よろしくお伝えください。

Natsuki's Report

憲法が変化する場合とその手続きについて

●内山奈月

憲法が変化するのは二通りの場合がある。憲法そのものが改正される場合と、憲法の解釈が変遷する場合である。

まず憲法改正の手続きである。日本の憲法は「硬性憲法」なので、法律と比べて改正が非常に難しいものとなっている。国会における各議院の総議員の３分の２の賛成を得たあと、国民投票にかけられ過半数の賛成を必要とするのだ。

次に、憲法変遷・解釈改憲について述べる。これらは、憲法自体は改正せずに憲法内容の解釈の仕方を変更するというものだ。憲法改正と比べると圧倒的に簡単な手続きで行うことができる。

日本国憲法は公布されてから一度も改正されたことがなく、「不磨の大典」と呼ばれることもある。しかし、設立から70年がたとうとしているいま、憲法のなかにはいくつかの問題が生じてきている。

そのなかでもっとも議論されているのが「９条２項　戦力の不保持」である。この条文は世界的にめずらしく、日本国憲法の特徴とも言える。「前項の目的を達するため、陸海空軍その他の戦力は、これを保持しない。国の交戦権は、これ

を認めない」とあり、この「保持しない」は「限定不保持」「全面不保持」のどちらのことなのかが論議の対象となっている。そして「前項の目的を達するため」という一節がこの解釈を難しくしている。しかし現在まで、“戦力の不保持”は「全面不保持」と解釈されてきた。そして、1項の「戦争放棄」は「限定放棄」と定義され、日本は「自衛のための戦争」を認めていると解釈されている。

つまり、戦力は全面的に保持してはならないにもかかわらず、自衛のための戦争は認められている。これは矛盾しているのではないだろうか。また、ここでいう「戦力」とは何か。現在、戦力とは「自衛のための必要最小限度の実力を超えるもの」と定義されている。それでは“自衛隊”は戦力なのだろうか。このような議論が起こると、憲法の改正をして、解釈の統一や自衛隊の定義をする必要性が生まれるのだ。

南野コメント このような意見もありますが、自衛のための武力行使が認められる（1項）ことと戦力の保持が全面的に禁止される（2項）こととのあいだに矛盾はないとする見解も有力で、したがって9条はそのままでよいという考え方もあります。

解釈改憲が手軽に行えるとしても、それを繰り返すことは非常に危険だ。解釈改憲を繰り返すうちに本来の憲法の意味がなくなってしまいかねないからである。憲法改正をするのか、解釈改憲ですませるのか、その判断が非常に重要であり、難しいのだと思った。

憲法の価値とは、「誰が草案を書いたのか」とか「草案の素晴らしさ」がそれを決めているのではない。その憲法が「その国に根づいているか」、「安定しているか」、「運用されてきたか」ということが、その憲法の価値を定めているのだ。そういった観点から見て、日本国憲法は素晴らしい憲法であると私は思う。

調べてみよう・考えてみよう！

1）改憲論議でいちばんの課題となっている憲法９条については、いくつかの改憲案がどのように変えようとしているのか比較してみましょう。

2）集団的自衛権は、国連憲章で使われるようになった比較的新しい概念です。第二次大戦後、世界の国々がこの概念を用いて戦闘を行ったことがどれくらいあるのか調べてみましょう。

3）主な政党の集団的自衛権行使容認についての賛否を調べてみましょう。その際、集団的自衛権の行使を容認すること自体に賛成なのか反対なのかというレベルと、憲法を改正せずに解釈の変更だけで容認することに賛成なのか反対なのかというレベルを区別しましょう。

4）９条以外で、日本国憲法に改正したほうがいいところがあるのかを考えてみましょう。その際、本当に憲法の条文を変えなければ、その政策が実現できないのか、それとも法律等を改正すれば実現できるのか（そうであれば憲法改正は必要ありません）、ということにも注意しましょう。

より深く学ぶための文献ガイド

1．本書でお話ししたことの多くは、これまでに私が勉強し、考え、そして講義したり書いたりしてきた内容がもとになっています。本書でお話しした私の憲法理解が書かれているものとして、次の３種類をまず紹介させてください。

南野森（編）『ブリッジブック法学入門〔第２版〕』（信山社、2013年）の第６章「違憲審査制と国法秩序」

南野森（編）『憲法学の世界』（日本評論社、2013年）の第１章「立憲主義」および第10章「人権の概念――憲法・憲法学と『人権』」

南野森（編）『法学の世界』（日本評論社、2013年）の第１章「憲法とは何か――その意味・その特色・その目的」

このうち、３冊目の『法学の世界』は、憲法のみならず、発展的科目や基礎法学分野の法学も対象に含めたガイダンスブックです。憲法以外の法学に興味のある方や、すでに法学を学んでいる大学の上級生にもおすすめします。

2．憲法の全体について、ひと通り知りたい人には、良質な入門書がいくつも出ています。たとえば、**横田耕一・高見勝利（編）『ブリッジブック憲法』（信山社、2002年）**は、高校と大学のあいだにブリッジ（橋）をかけるという趣旨で創刊されたシリーズの一冊で、とても読みやすい文体ですが、じっくり考えるとたいへん難しいこともたくさん書かれています。

いきなり学生向けの本ではなく、一般向けの読み物がいいという人は、新書から入るのがよいでしょう。**渋谷秀樹『憲法への招待〔新版〕』（岩波新書、2014年）**が新しく、読みやすいのでおすすめです。本書の発行元であるPHP研究所から出ている**木村草太『テレビが伝えない憲法の話』（PHP新書、2014年）**もあります。

また、新書ではありませんが、日本の憲法学を代表する碩学（せきがく）の手になる一般向けの入門書として、**樋口陽一『憲法入門〔五訂〕』（勁草書房、2013年）**があります。憲法の全体にわたって含蓄（がんちく）ある記述が展開されています。さらに、現在の憲法学の第一人者によるものとして、**長谷部恭男『憲法入門』（羽鳥書店、2010年）**もあります。

3．憲法学を本格的に学びたい人は、学生向けの教科書を端から順番に読んでください。さまざまな教科書が出版されていますが、私が講義をするうえでいつも参照しているものとしては、**樋口陽一『憲法〔第3版〕』（創文社、2007年）、長谷部恭男『憲法〔第5版〕』（新世社、2011年）、佐藤幸治『日本国憲法論』（成文堂、2011年）、野中俊彦・中村睦男・高橋和之・高見勝利『憲法Ⅰ、Ⅱ〔第5版〕』（有斐閣、2012年）**、などがあります。

また、憲法のすべての条文について順番に詳しい解説を加えたものを逐条解説書（コンメンタール）と言いますが、信頼できるもののうち最新のものが、**芹沢斉・市川正人・阪口正二郎（編）『新基本法コンメンタール憲法』（日本評論社、2011年）**です。憲法に仕事や学習で深く関わる人は、手元に置いておくと役に立つ一冊です。

4．本書で重点的に扱ったトピックのうち、最近いちばん問題になっている改憲論、とくに集団的自衛権をめぐる「解釈改憲」については、**奥平康弘・山口二郎（編）『集団的自衛権の何が問題か――解釈改憲批判』（岩波書店、2014年）**があります（憲法学者の多くは、少なくとも「解釈改憲」には批判的なのです）。私も寄稿していますので、ぜひお読みください。関連する最近の新書としては、**青井未帆『憲法を守るのは誰か』（幻冬舎ルネッサンス新書、2013年）、辻村みよ子『比較のなかの改憲論』（岩波新書、2014年）**があります。

（南野　森）

あとがき

内山奈月（AKB48）

南野森先生の講義を受けた２日間は、私にとってとても充実した、有意義な時間でした。

憲法には興味があるとはいえ、この時点でまだ高校生だった私に「憲法学」が理解できるのだろうか、ちゃんと聞き手が務まるのだろうかと最初は不安に思っていました。

でも、南野先生の興味深く面白いお話と、優しいお人柄のおかげで、講義には安心して楽しく取り組むことができました。

講義後のレポート作成では、自分の文章力・語彙力のなさを痛感しました。ノートを読み返したり、自分なりに調べてみたり、考えを深めてみたりするのは大変な作業でしたが、とても貴重な経験でした。

大学生になる直前の時期に、高校までの「与えられる勉強」から一歩進んで、「自分から求める勉強」の仕方を考えるきっかけになったと思っています。

この本の作成に関わらせていただいて、私は憲法をより身近に感じることができるようになった気がします。

私が所属しているアイドルグループＡＫＢ48の活動には、この憲法講義で学んだ内容と共通する部分がたくさんあるように感じたのです。

ＡＫＢ48には、衆議院議員を選ぶ選挙と同じ名前がついた「選抜“総選挙”」があることは、皆さんにもよく知られていると思いますが、それだけではありません。

ネットや握手会を通じたメンバー・スタッフとのコミュニケーションによって、ファンの皆さんの意見を反映する「民主的正統性」を重視していること。ファンの皆さんの判断のたすけになるように、メンバーにはSNSや握手会などでの「表現の自由」が与えられていること。これはＡＫＢ48グループの大きな特徴です。

憲法は、守らなければならない価値を守る保守性と、時代の流れに合わせてその意味を変えていく柔軟性とをあわせ持っている。私はこの講義を通じて、そう感じました。コンセプトを守りながら時代に沿って価値を高めていく私たちアイドルの活動と共通しています。

その意味で、ＡＫＢ48にとっての「憲法」は「いつでも会えるアイドル」ということだと私は思います。

「いつでも」の解釈は、時代の流れと状況の変化のなかで変わって来ましたし、これからも変わっていくでしょう。

そうだとしても、メンバーの心と、ファンの方の心に根づいているこの素晴らしい「憲法」を守り、さらにその意味を深め、価値を高めるメンバーであり続けたい。そんなことを考えました。

私が憲法学の入門を通じて学んだことは、基礎・基本を理解し、守り、発展させることの重要性だったと思います。

最後に、親身に温かくご指導くださった南野森先生、鈴木初日さん、ＰＨＰ研究所のみなさま、今まで私にいろいろなことを教えてくださった先生方、いつも応援してくださるファンのみなさま、そしてこの本を読んでくださった読者のみなさまに、あらためてお礼を申し上げます。本当にありがとうございました。

もっともっと勉強して、次の機会にはもっともっと成長した私をお見せしたいと思っています。この本を出版するにあたり、私に貴重な機会をくださったすべてのみなさまに感謝の気持ちでいっぱいです。

本当に、本当に、ありがとうございました。

2014年6月

Ⅴ. 憲法の未来
「不磨の大典」?
① 憲法改正手
各議院の総
民投票での

の条規に反する法律、命令、詔勅及び国務に関するその他の行為の全部又は一部は、その効力を有しない。

② 日本国が締結した条約及び確立された国際法規は、これを誠実に遵守することを必要とする。

第九十九条　天皇又は摂政及び国務大臣、国会議員、裁判官その他の公務員は、この憲法を尊重し擁護する義務を負ふ。

第十一章　補則

第百条① この憲法は、公布の日から起算して六箇月を経過した日から、これを施行する。

② この憲法を施行するために必要な法律の制定、参議院議員の選挙及び国会召集の手続並びにこの憲法を施行するために必要な準備手続は、前項の期日よりも前に、これを行ふことができる。

第百一条　この憲法施行の際、参議院がまだ成立してゐないときは、その成立するまでの間、衆議院は、国会としての権限を行ふ。

第百二条　この憲法による第一期の参議院議員のうち、その半数の者の任期は、これを三年とする。その議員は、法律の定めるところにより、これを定める。

第百三条　この憲法施行の際現に在職する国務大臣、衆議院議員及び裁判官並びにその他の公務員で、その地位に相応する地位がこの憲法で認められてゐる者は、法律で特別の定をした場合を除いては、この憲法施行のため、当然にはその地位を失ふことはない。但し、この憲法によつて、後任者が選挙又は任命されたときは、当然その地位を失ふ。

第八章　地方自治

第九十二条　地方公共団体の組織及び運営に関する事項は、地方自治の本旨に基いて、法律でこれを定める。

第九十三条①　地方公共団体には、法律の定めるところにより、その議事機関として議会を設置する。

②　地方公共団体の長、その議会の議員及び法律の定めるその他の吏員は、その地方公共団体の住民が、直接これを選挙する。

第九十四条　地方公共団体は、その財産を管理し、事務を処理し、及び行政を執行する権能を有し、法律の範囲内で条例を制定することができる。

第九十五条　一の地方公共団体のみに適用される特別法は、法律の定めるところにより、その地方公共団体の住民の投票においてその過半数の同意を得なければ、国会は、これを制定することができない。

第九章　改正

第九十六条①　この憲法の改正は、各議院の総議員の三分の二以上の賛成で、国会が、これを発議し、国民に提案してその承認を経なければならない。この承認には、特別の国民投票又は国会の定める選挙の際行はれる投票において、その過半数の賛成を必要とする。

②　憲法改正について前項の承認を経たときは、天皇は、国民の名で、この憲法と一体を成すものとして、直ちにこれを公布する。

第十章　最高法規

第九十七条　この憲法が日本国民に保障する基本的人権は、人類の多年にわたる自由獲得の努力の成果であつて、これらの権利は、過去幾多の試練に堪へ、現在及び将来の国民に対し、侵すことのできない永久の権利として信託されたものである。

第九十八条①　この憲法は、国の最高法規であつて、そ

第七章　財政

第八十三条　国の財政を処理する権限は、国会の議決に基いて、これを行使しなければならない。

第八十四条　あらたに租税を課し、又は現行の租税を変更するには、法律又は法律の定める条件によることを必要とする。

第八十五条　国費を支出し、又は国が債務を負担するには、国会の議決に基くことを必要とする。

第八十六条　内閣は、毎会計年度の予算を作成し、国会に提出して、その審議を受け議決を経なければならない。

第八十七条①　予見し難い予算の不足に充てるため、国会の議決に基いて予備費を設け、内閣の責任でこれを支出することができる。

②　すべて予備費の支出については、内閣は、事後に国会の承諾を経なければならない。

第八十八条　すべて皇室財産は、国に属する。すべて皇室の費用は、予算に計上して、国会の議決を経なければならない。

第八十九条　公金その他の公の財産は、宗教上の組織もしくは団体の使用、便益若しくは維持のため、又は公の支配に属しない慈善、教育若しくは博愛の事業に対し、これを支出し、又はその利用に供してはならない。

第九十条①　国の収入支出の決算は、すべて毎年会計検査院がこれを検査し、内閣は、次の年度に、その検査報告とともに、これを国会に提出しなければならない。

②　会計検査院の組織及び権限は、法律でこれを定める。

第九十一条　内閣は、国会及び国民に対し、定期に、少くとも毎年一回、国の財政状況について報告しなければならない。

第七十九条① 最高裁判所は、その長たる裁判官及び法律の定める員数のその他の裁判官でこれを構成し、その長たる裁判官以外の裁判官は、内閣でこれを任命する。

② 最高裁判所の裁判官の任命は、その任命後初めて行はれる衆議院議員総選挙の際国民の審査に付し、その後十年を経過した後初めて行はれる衆議院議員総選挙の際更に審査に付し、その後も同様とする。

③ 前項の場合において、投票者の多数が裁判官の罷免を可とするときは、その裁判官は、罷免される。

④ 審査に関する事項は、法律でこれを定める。

⑤ 最高裁判所の裁判官は、法律の定める年齢に達したときに退官する。

⑥ 最高裁判所の裁判官は、すべて定期に相当額の報酬を受ける。この報酬は、在任中、これを減額することができない。

第八十条① 下級裁判所の裁判官は、最高裁判所の指名した者の名簿によつて、内閣でこれを任命する。その裁判官は、任期を十年とし、再任されることができる。但し、法律の定める年齢に達した時には退官する。

② 下級裁判所の裁判官は、すべて定期に相当額の報酬を受ける。この報酬は、在任中、これを減額することができない。

第八十一条 最高裁判所は、一切の法律、命令、規則又は処分が憲法に適合するかしないかを決定する権限を有する終審裁判所である。

第八十二条① 裁判の対審及び判決は、公開法廷でこれを行ふ。

② 裁判所が、裁判官の全員一致で、公の秩序又は善良の風俗を害する虞があると決した場合には、対審は、公開しないでこれを行ふことができる。但し、政治犯罪、出版に関する犯罪又はこの憲法第三章で保障する国民の権利が問題となつてゐる事件の対審は、常にこれを公開しなければならない。

五　予算を作成して国会に提出すること。
六　この憲法及び法律の規定を実施するために、政令を制定すること。但し、政令には、特にその法律の委任がある場合を除いては、罰則を設けることができない。
七　大赦、特赦、減刑、刑の執行の免除及び復権を決定すること。

第七十四条　法律及び政令には、すべて主任の国務大臣が署名し、内閣総理大臣が連署することを必要とする。

第七十五条　国務大臣は、その在任中、内閣総理大臣の同意がなければ、訴追されない。但し、これがため、訴追の権利は害されない。

第六章　司法

第七十六条①　すべて司法権は、最高裁判所及び法律の定めるところにより設置する下級裁判所に属する。
②　特別裁判所は、これを設置することができない。行政機関は、終審として裁判を行ふことができない。
③　すべて裁判官は、その良心に従ひ独立してその職権を行ひ、この憲法及び法律にのみ拘束される。

第七十七条①　最高裁判所は、訴訟に関する手続、弁護士、裁判所の内部規律及び司法事務処理に関する事項について、規則を定める権限を有する。
②　検察官は、最高裁判所の定める規則に従はなければならない。
③　最高裁判所は、下級裁判所に関する規則を定める権限を、下級裁判所に委任することができる。

第七十八条　裁判官は、裁判により、心身の故障のために職務を執ることができないと決定された場合を除いては、公の弾劾によらなければ罷免されない。裁判官の懲戒処分は、行政機関がこれを行ふことはできない。

会の議決で、これを指名する。この指名は、他のすべての案件に先だつて、これを行ふ。

② 衆議院と参議院とが異なつた指名の議決をした場合に、法律の定めるところにより、両議院の協議会を開いても意見が一致しないとき、又は衆議院が指名の議決をした後、国会休会中の期間を除いて十日以内に、参議院が、指名の議決をしないときは、衆議院の議決を国会の議決とする。

第六十八条① 内閣総理大臣は、国務大臣を任命する。但し、その過半数は、国会議員の中から選ばれなければならない。

② 内閣総理大臣は、任意に国務大臣を罷免することができる。

第六十九条 内閣は、衆議院で不信任の決議案を可決し、又は信任の決議案を否決したときは、十日以内に衆議院が解散されない限り、総辞職をしなければならない。

第七十条 内閣総理大臣が欠けたとき、又は衆議院議員総選挙の後に初めて国会の召集があつたときは、内閣は、総辞職をしなければならない。

第七十一条 前二条の場合には、内閣は、新たに内閣総理大臣が任命されるまで引き続きその職務を行ふ。

第七十二条 内閣総理大臣は、内閣を代表して議案を国会に提出し、一般国務及び外交関係について国会に報告し、並びに行政各部を指揮監督する。

第七十三条 内閣は、他の一般行政事務の外、左の事務を行ふ。

一 法律を誠実に執行し、国務を総理すること。

二 外交関係を処理すること。

三 条約を締結すること。但し、事前に、時宜によつては事後に、国会の承認を経ることを必要とする。

四 法律の定める基準に従ひ、官吏に関する事務を掌理すること。

第六十条① 予算は、さきに衆議院に提出しなければならない。

② 予算について、参議院で衆議院と異なつた議決をした場合に、法律の定めるところにより、両議院の協議会を開いても意見が一致しないとき、又は参議院が衆議院の可決した予算を受け取つた後、国会休会中の期間を除いて三十日以内に、議決しないときは、衆議院の議決を国会の議決とする。

第六十一条 条約の締結に必要な国会の承認については、前条第二項の規定を準用する。

第六十二条 両議院は、各〻国政に関する調査を行ひ、これに関して、証人の出頭及び証言並びに記録の提出を要求することができる。

第六十三条 内閣総理大臣その他の国務大臣は、両議院の一に議席を有すると有しないとにかかはらず、何時でも議案について発言するため議院に出席することができる。又、答弁又は説明のため出席を求められたときは、出席しなければならない。

第六十四条① 国会は、罷免の訴追を受けた裁判官を裁判するため、両議院の議員で組織する弾劾裁判所を設ける。

② 弾劾に関する事項は、法律でこれを定める。

第五章 内閣

第六十五条 行政権は、内閣に属する。

第六十六条① 内閣は、法律の定めるところにより、その首長たる内閣総理大臣及びその他の国務大臣でこれを組織する。

② 内閣総理大臣その他の国務大臣は、文民でなければならない。

③ 内閣は、行政権の行使について、国会に対し連帯して責任を負ふ。

第六十七条① 内閣総理大臣は、国会議員の中から国席議員の三分の二以上の多数による議決を必要とする。

第五十六条① 両議院は、各々その総議員の三分の一以上の出席がなければ、議事を開き議決することができない。

② 両議員の議事は、この憲法に特別の定のある場合を除いては、出席議員の過半数でこれを決し、可否同数のときは、議長の決するところによる。

第五十七条① 両議院の会議は、公開とする。但し、出席議員の三分の二以上の多数で議決したときは、秘密会を開くことができる。

② 両議院は、各々その会議の記録を保存し、秘密会の記録の中で特に秘密を要すると認められるもの以外は、これを公表し、且つ一般に頒布しなければならない。

③ 出席議員の五分の一以上の要求があれば、各議員の表決は、これを会議録に記載しなければならない。

第五十八条① 両議院は、各々その議長その他の役員を選任する。

② 両議院は、各々その会議その他の手続及び内部の規律に関する規則を定め、又、院内の秩序をみだした議員を懲罰することができる。但し、議員を除名するには、出席議員の三分の二以上の多数による議決を必要とする。

第五十九条① 法律案は、この憲法に特別の定のある場合を除いては、両議院で可決したとき法律となる。

② 衆議院で可決し、参議院でこれと異なつた議決をした法律案は、衆議院で出席議員の三分の二以上の多数で再び可決したときは、法律となる。

③ 前項の規定は、法律の定めるところにより、衆議院が、両議院の協議会を開くこを妨げない。

④ 参議院が、衆議院の可決した法律案を受け取つた後、国会休会中の期間を除いて六十日以内に、議決しないときは、衆議院は、参議院がその法律案を否決したものとみなすことができる。

第四十五条　衆議院議員の任期は、四年とする。但し、衆議院解散の場合には、その期間満了前に終了する。
第四十六条　参議院議員の任期は、六年とし、三年ごとに、議員の半数を改選する。
第四十七条　選挙区、投票の方法その他両議院の議員の選挙に関する事項は、法律でこれを定める。
第四十八条　何人も、同時に両議院の議員たることはできない。
第四十九条　両議院の議員は、法律の定めるところにより、国庫から相当額の歳費を受ける。
第五十条　両議院の議員は、法律の定める場合を除いては、国会の会期中逮捕されず、会期前に逮捕された議員は、その議院の要求があれば、会期中これを釈放しなければならない。
第五十一条　両議院の議員は、議院で行つた演説、討論又は表決について、院外で責任を問はれない。
第五十二条　国会の常会は、毎年一回これを召集する。
第五十三条　内閣は、国会の臨時会の召集を決定することができる。いづれかの議院の総議員の四分の一以上の要求があれば、内閣は、その召集を決定しなければならない。
第五十四条①　衆議院が解散されたときは、解散の日から四十日以内に、衆議院議員の総選挙を行ひ、その選挙の日から三十日以内に、国会を召集しなければならない。
②　衆議院が解散されたときは、参議院は、同時に閉会となる。但し、内閣は、国に緊急の必要があるときは、参議院の緊急集会を求めることができる。
③　前項但書の緊急集会において採られた措置は、臨時のものであつて、次の国会開会の後十日以内に、衆議院の同意がない場合には、その効力を失ふ。
第五十五条　両議院は各々その議員の資格に関する争訟を裁判する。但し、議員の議席を失はせるには、出

② 刑事被告人は、すべての証人に対して審問する機会を充分に与へられ、又、公費で自己のために強制的手続により証人を求める権利を有する。

③ 刑事被告人は、いかなる場合にも、資格を有する弁護人を依頼することができる。被告人が自らこれを依頼することができないときは、国でこれを附する。

第三十八条① 何人も、自己に不利益な供述を強要されない。

② 強制、拷問若しくは脅迫による自白又は不当に長く抑留若しくは拘禁された後の自白は、これを証拠とすることができない。

③ 何人も、自己に不利益な唯一の証拠が本人の自白である場合には、有罪とされ、又は刑罰を科せられない。

第三十九条 何人も、実行の時に適法であつた行為又は既に無罪とされた行為については、刑事上の責任を問はれない。又、同一の犯罪について、重ねて刑事上の責任を問はれない。

第四十条 何人も、抑留又は拘禁された後、無罪の裁判を受けたときは、法律の定めるところにより、国にその補償を求めることができる。

第四章 国会

第四十一条 国会は、国権の最高機関であつて、国の唯一の立法機関である。

第四十二条 国会は、衆議院及び参議院の両議院でこれを構成する。

第四十三条① 両議院は、全国民を代表する選挙された議員でこれを組織する。

② 両議院の議員の定数は、法律でこれを定める。

第四十四条 両議院の議員及びその選挙人の資格は、法律でこれを定める。但し、人種、信条、性別、社会的身分、門地、教育、財産又は収入によつて差別してはならない。

第二十九条①　財産権は、これを侵してはならない。

②　財産権の内容は、公共の福祉に適合するやうに、法律でこれを定める。

③　私有財産は、正当な補償の下に、これを公共のために用ひることができる。

第三十条　国民は、法律の定めるところにより、納税の義務を負ふ。

第三十一条　何人も、法律の定める手続によらなければ、その生命若しくは自由を奪はれ、又はその他の刑罰を科せられない。

第三十二条　何人も、裁判所において裁判を受ける権利を奪はれない。

第三十三条　何人も、現行犯として逮捕される場合を除いては、権限を有する司法官憲が発し、且つ理由となつてゐる犯罪を明示する令状によらなければ、逮捕されない。

第三十四条　何人も、理由を直ちに告げられ、且つ、直ちに弁護人に依頼する権利を与へられなければ、抑留又は拘禁されない。又、何人も、正当な理由がなければ拘禁されず、要求があれば、その理由は、直ちに本人及びその弁護人の出席する公開の法廷で示されなければならない。

第三十五条①　何人も、その住居、書類及び所持品について、侵入、捜索及び押収を受けることのない権利は、第三十三条の場合を除いては、正当な理由に基いて発せられ、且つ捜索する場所及び押収する物を明示する令状がなければ、侵されない。

②　捜索又は押収は、権限を有する司法官憲が発する各別の令状により、これを行ふ。

第三十六条　公務員による拷問及び残虐な刑罰は、絶対にこれを禁止する。

第三十七条①　すべて刑事事件においては、被告人は、公平な裁判所の迅速な公開裁判を受ける権利を有する。

② 検閲は、これをしてはならない。通信の秘密は、これを侵してはならない。

第二十二条① 何人も、公共の福祉に反しない限り、居住、移転及び職業選択の自由を有する。

② 何人も、外国に移住し、又は国籍を離脱する自由を侵されない。

第二十三条　学問の自由は、これを保障する。

第二十四条① 婚姻は、両性の合意のみに基いて成立し、夫婦が同等の権利を有することを基本として、相互の協力により、維持されなければならない。

② 配偶者の選択、財産権、相続、住居の選定、離婚並びに婚姻及び家族に関するその他の事項に関しては、法律は、個人の尊厳と両性の本質的平等に立脚して制定されなければならない。

第二十五条① すべて国民は、健康で文化的な最低限度の生活を営む権利を有する。

② 国は、すべての生活部面について、社会福祉、社会保障及び公衆衛生の向上及び増進に努めなければならない。

第二十六条① すべて国民は、法律の定めるところにより、その能力に応じて、ひとしく教育を受ける権利を有する。

② すべて国民は、法律の定めるところにより、その保護する子女に普通教育を受けさせる義務を負ふ。義務教育は、これを無償とする。

第二十七条① すべて国民は、勤労の権利を有し、義務を負ふ。

② 賃金、就業時間、休息その他の勤労条件に関する基準は、法律でこれを定める。

③ 児童は、これを酷使してはならない。

第二十八条　勤労者の団結する権利及び団体交渉その他の団体行動をする権利は、これを保障する。

③　栄誉、勲章その他の栄典の授与は、いかなる特権も伴はない。栄典の授与は、現にこれを有し、又は将来これを受けるものの一代に限り、その効力を有する。

第十五条①　公務員を選定し、及びこれを罷免することは、国民固有の権利である。

②　すべて公務員は、全体の奉仕者であつて、一部の奉仕者ではない。

③　公務員の選挙については、成年者による普通選挙を保障する。

④　すべて選挙における投票の秘密は、これを侵してはならない。選挙人は、その選択に関し公的にも私的にも責任を問はれない。

第十六条　何人も、損害の救済、公務員の罷免、法律、命令又は規則の制定、廃止又は改正その他の事項に関し、平穏に請願する権利を有し、かかる請願をしたためにいかなる差別待遇も受けない。

第十七条　何人も、公務員の不法行為により、損害を受けたときは、法律の定めるところにより、国又は公共団体に、その賠償を求めることができる。

第十八条　何人も、いかなる奴隷的拘束も受けない。又、犯罪に因る処罰の場合を除いては、その意に反する苦役に服させられない。

第十九条　思想及び良心の自由は、これを侵してはならない。

第二十条①　信教の自由は、何人に対してもこれを保障する。いかなる宗教団体も、国から特権を受け、又は政治上の権力を行使してはならない。

②　何人も、宗教上の行為、祝典、儀式又は行事に参加することを強制されない。

③　国及びその機関は、宗教教育その他いかなる宗教的活動もしてはならない。

第二十一条①　集会、結社及び言論、出版その他一切の表現の自由は、これを保障する。

九　外国の大使及び公使を接受すること。

十　儀式を行ふこと。

第八条　皇室に財産を譲り渡し、又は皇室が、財産を譲り受け、若しくは賜与することは、国会の議決に基かなければならない。

第二章　戦争の放棄

第九条①　日本国民は、正義と秩序を基調とする国際平和を誠実に希求し、国権の発動たる戦争と、武力による威嚇又は武力の行使は、国際紛争を解決する手段としては、永久にこれを放棄する。

②　前項の目的を達するため、陸海空軍その他の戦力は、これを保持しない。国の交戦権は、これを認めない。

第三章　国民の権利及び義務

第十条　日本国民たる要件は、法律でこれを定める。

第十一条　国民は、すべての基本的人権の享有を妨げられない。この憲法が国民に保障する基本的人権は、侵すことのできない永久の権利として、現在及び将来の国民に与へられる。

第十二条　この憲法が国民に保障する自由及び権利は、国民の不断の努力によつて、これを保持しなければならない。又、国民は、これを濫用してはならないのであつて、常に公共の福祉のためにこれを利用する責任を負ふ。

第十三条　すべて国民は、個人として尊重される。生命、自由及び幸福追求に対する国民の権利については、公共の福祉に反しない限り、立法その他の国政の上で、最大の尊重を必要とする。

第十四条①　すべて国民は、法の下に平等であつて、人種、信条、性別、社会的身分又は門地により、政治的、経済的又は社会的関係において、差別されない。

②　華族その他の貴族の制度は、これを認めない。

第二条　皇位は、世襲のものであつて、国会の議決した皇室典範の定めるところにより、これを継承する。

第三条　天皇の国事に関するすべての行為には、内閣の助言と承認を必要とし、内閣が、その責任を負ふ。

第四条①　天皇は、この憲法の定める国事に関する行為のみを行ひ、国政に関する権能を有しない。

②　天皇は、法律の定めるところにより、その国事に関する行為を委任することができる。

第五条　皇室典範の定めるところにより、摂政を置くときは、摂政は、天皇の名でその国事に関する行為を行ふ。この場合には、前条第一項の規定を準用する。

第六条①　天皇は、国会の指名に基いて、内閣総理大臣を任命する。

②　天皇は、内閣の指名に基いて、最高裁判所の長たる裁判官を任命する。

第七条　天皇は、内閣の助言と承認により、国民のために、左の国事に関する行為を行ふ。

一　憲法改正、法律、政令及び条約を公布すること。

二　国会を召集すること。

三　衆議院を解散すること。

四　国会議員の総選挙の施行を公示すること。

五　国務大臣及び法律の定めるその他の官吏の任免並びに全権委任状及び大使及び公使の信任状を認証すること。

六　大赦、特赦、減刑、刑の執行の免除及び復権を認証すること。

七　栄典を授与すること。

八　批准書及び法律の定めるその他の外交文書を認証すること。

日本国憲法

公布　昭和二十一（一九四六）年十一月三日
施行　昭和二十二（一九四七）年五月三日

　日本国民は、正当に選挙された国会における代表者を通じて行動し、われらとわれらの子孫のために、諸国民との協和による成果と、わが国全土にわたつて自由のもたらす恵沢を確保し、政府の行為によつて再び戦争の惨禍が起ることのないやうにすることを決意し、ここに主権が国民に存することを宣言し、この憲法を確定する。そもそも国政は、国民の厳粛な信託によるものであつて、その権威は国民に由来し、その権力は国民の代表者がこれを行使し、その福利は国民がこれを享受する。これは人類普遍の原理であり、この憲法は、かかる原理に基くものである。われらは、これに反する一切の憲法、法令及び詔勅を排除する。

　日本国民は、恒久の平和を念願し、人間相互の関係を支配する崇高な理想を深く自覚するのであつて、平和を愛する諸国民の公正と信義に信頼して、われらの安全と生存を保持しようと決意した。われらは、平和を維持し、専制と隷従、圧迫と偏狭を地上から永遠に除去しようと努めてゐる国際社会において、名誉ある地位を占めたいと思ふ。われらは、全世界の国民が、ひとしく恐怖と欠乏から免かれ、平和のうちに生存する権利を有することを確認する。

　われらは、いづれの国家も、自国のことのみに専念して他国を無視してはならないのであつて、政治道徳の法則は、普遍的なものであり、この法則に従ふことは、自国の主権を維持し、他国と対等関係に立たうとする各国の責務であると信ずる。

　日本国民は、国家の名誉にかけ、全力をあげてこの崇高な理想と目的を達成することを誓ふ。

第一章　天皇

第一条　天皇は、日本国の象徴であり日本国民統合の象徴であつて、この地位は、主権の存する日本国民の総意に基く。

〈著者略歴〉

内山奈月（うちやま・なつき）

1995年神奈川県生まれ。人気アイドルグループAKB48のメンバー。愛称なっきー。2012年5月AKB48第14期研究生オーディションに合格。13年6月日本武道館における研究生コンサートで日本国憲法を暗唱して話題となる。同年8月に昇格してAKB48Team4に所属。14年4月AKB48TeamBに移籍、慶應義塾大学経済学部に入学。同年6月AKB48選抜総選挙で初のランクイン。

南野 森（みなみの・しげる）

京都府生まれ。九州大学法学部教授（憲法学）。1994年東京大学法学部を卒業後、東京大学大学院法学政治学研究科修士課程、博士課程、パリ第10大学大学院博士課程を経て、2002年九州大学法学部准教授。14年8月より現職。主な著作に、『憲法学の世界』（編著、日本評論社、2013年）、『リアリズムの法解釈理論』（編訳、ミシェル・トロペール著、勁草書房、2013年）などがある。

憲法主義
条文には書かれていない本質

2014年7月29日　第1版第1刷発行
2014年8月22日　第1版第3刷発行

著者　内山奈月
　　　南野森
発行者　小林成彦
発行所　株式会社PHP研究所
東京本部　〒102-8331　千代田区一番町21
　学芸出版部　☎03-3239-6221（編集）
　普及一部　☎03-3239-6233（販売）
京都本部　〒601-8411　京都市南区西九条北ノ内町11
PHP INTERFACE　http://www.php.co.jp/

組版　有限会社エヴリ・シンク
印刷所　共同印刷株式会社
製本所

ISBN978-4-569-81913-6